아이슬란드 겨울 링로드 완전 일주

캠핑카로 떠나는
겨울 아이슬란드

―

Don't worry,　　*Camp here!*

Iceland

기린 남편과 산다람쥐 아내의 부부캠핑

임찬호 김효송 사진·글

캠핑카로 떠나는
겨울 아이슬란드

Contents

Prologue 4

Section I   Finland 핀란드

chapter 1	취리히 → 헬싱키 → 로바니에미	10
chapter 2	라플란드 사파리	18
chapter 3	스노모빌, 허스키 썰매 그리고 오로라	28

Section II   Iceland 아이슬란드

chapter 4	로바니에미 → 헬싱키 → 레이캬비크	40
chapter 5	레이캬비크	50
chapter 6	보르가네스	58
chapter 7	아쿠레이리(part1, part2)	66
chapter 8	달빅	88
chapter 9	미바튼(part1, part2)	98
chapter 10	데티포스	122
chapter 11	에이일스타디르	136
chapter 12	호픈	144
chapter 13	요쿨살룬	156
chapter 14	스카프타펠 국립공원	166
chapter 15	비크 / 골든써클(part1, part2)	176
chapter 16	레이캬비크 / 블루라군(part1, part2, part3)	190

Section III   North 66° Gallery 북위66°갤러리

chapter 1	겨울 링로드	206
chapter 2	여름 링로드	220
chapter 3	빙하와 빙산	232
chapter 4	핀란드 오로라	244

[부록] 겨울 아이슬란드 캠핑카 숙박지역 소개 250

PROLOGUE

기린 남편과
산다람쥐 아내의
부부캠핑

이름 모를 희고 노란 들꽃이 피어 있는 푸른 들판 너머 에메랄드 호수, 그리고 저 멀리 흰 눈을 덮고 있는 뾰족한 설산….
초등학교 5학년 때 나와 띠동갑인 큰오빠가 사다 주신 김찬삼 씨의 '세계여행전집'을 읽었다. 교과서보다 두 배는 더 큰 크기에 전반부는 컬러풀한 사진으로, 후반부는 빼곡한 세로줄 글로 세상을 소개한 여행집이었다. 아마 내가 보았던 최초의 여행기가 아니었나 싶다.
'하늘하늘한 들꽃과 저 뾰족한 산 위의 흰 눈이 동시에 존재한다는 것이 가능한 일인가?'
'저런 세상도 다 있구나!'
나는 꿈꾸듯 먼 미지의 세계를 동경하며 커 왔다. 그로부터 20여 년이 지난 후, 첫 해외 여행지인 캐나다 록키 레이크루이스 호수 앞에서 문득 세계여행전집 속 바로 그 장면 그대로인 곳에 내가 서 있음을 깨닫고 놀랐다. 정말 꿈같은 현실이 눈 앞에 펼쳐진 것이다. 그 후 신기하게도 낯선 해외 여행지에서 장면 하나하나가 낯익었다. 바로 그 김찬삼 씨의 '세계여행전집' 속 풍경이 내 머릿속에 있다가 툭툭 튀어나오는 것이었다. 꿈꾸던 미지의 세계에 내가 와 있었다.

작년 여름 아이슬란드 링로드 일주를 채 끝내기도 전에 우린 또다시 겨울 아이슬란드 여행을 꿈꾸기 시작했다.
'겨울에 꼭 아이슬란드를 다시 와야지. 흰 눈으로 덮여 '무'가 된 세상을 보고 싶어.'
그리고 어느새 슬쩍슬쩍 도망가 버리는 마음을 따라 이곳에 또 오게 되었다. 여름과 마찬가지로 이번에도 그냥 잘 될 거야 믿으면서.

겨울 아이슬란드는 고독하지 않았다. 자연의 에너지가 세상과 연결되어 유대감과 따뜻함으로 진하게 소통하고 있었고, 자연은 매 순간 역동적으로 축제를 열고 있었다. 우린 그곳에서 벅찬 희열을 느꼈고 지극히 충만하고 행복했다. 아쿠레이리에서의 snow shoeing, 달빅의 피요르드, 미바튼 호수 위의 보름달, 데티포스 가는 길의 설원, 바트나요쿨의 빙하 동굴….
22일 동안 우린 유목민으로, 자유인으로, 몸과 마음을 빼앗긴 채 그들의 축제를 맘껏 즐겼다. 우리와 함께 한 캠퍼밴은 우리 여행에 아무 부족함이 없었다.

"나는 피규어를 사러 꼭 일본을 갈 거예요."
"나는 카사바뜨요를 보러 스페인에 가고 싶어요."
"나는 화성에 가서 식물을 재배해 보고 싶어요."
"아이슬란드 빙하동굴 체험을 하고 싶어요."

'교실에서 떠나는 세계 여행' 자유 주제 수업 시간에 가고 싶은 여행지를 떠올려 보라는 말에 진지하게 답하는 아이들에게
"언젠간 꼭 소원을 이룰 거란다."
나는 흔쾌히 주문을 걸어 주었다.

김찬삼 씨의 '세계여행전집'이 내게 미지의 세계로 향하는 씨앗을 품게 해 주었듯 이 부족한 글과 사진이 미지의 세계를 꿈꾸는, 아이슬란드 여행을 꿈꾸는 누군가에게 작은 씨앗이 되기를 바라며….

2018. 06. 임찬호 · 김효송

산타 마을에 왔으니 순록썰매를 안 타볼 수 없지.
여러 코스 중 산타숲을 3km 돌아보는 코스를 선택했다.
흰 눈이 내리니 분위기는 최고다.

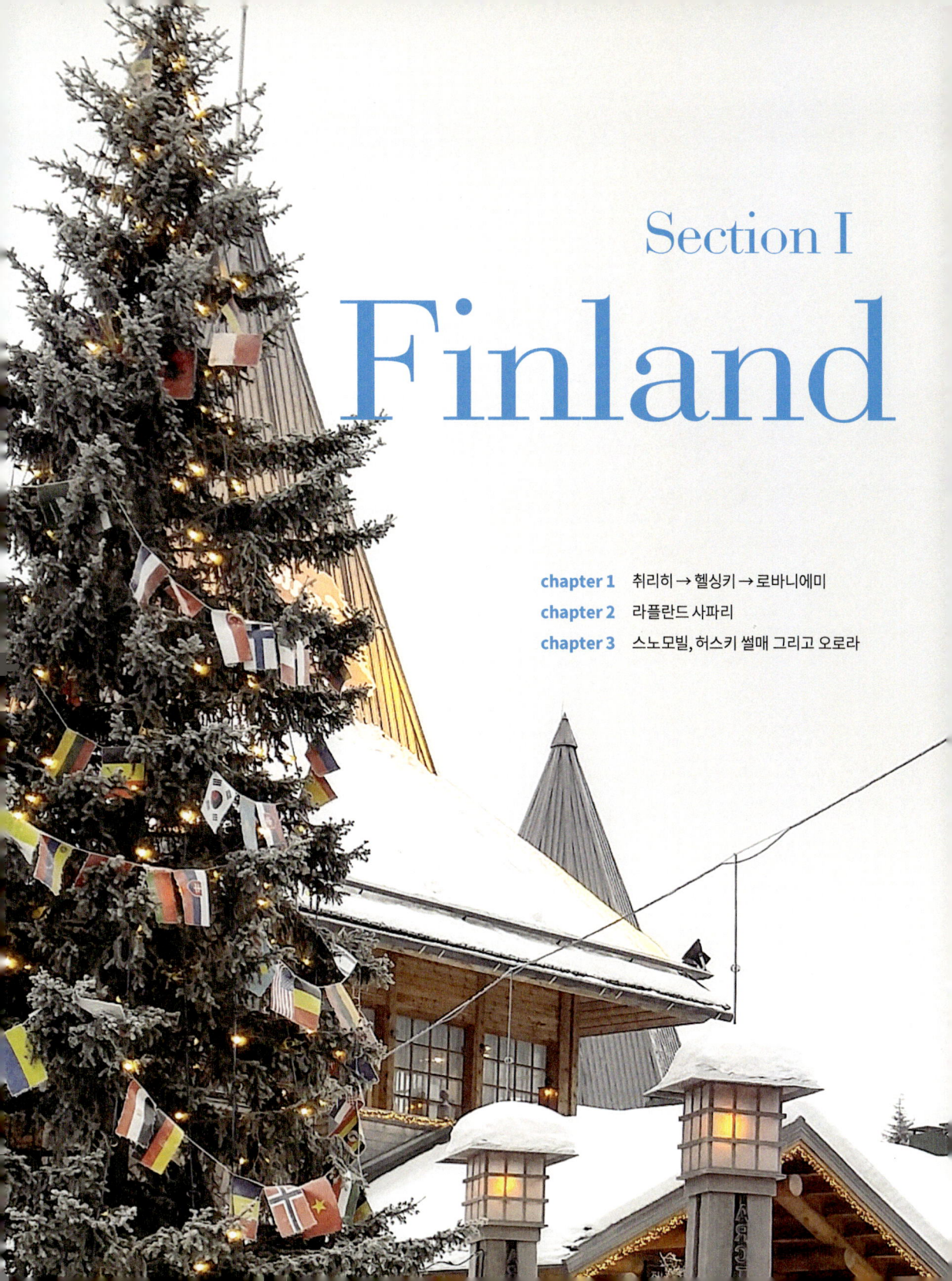

Section I
Finland

chapter 1 취리히 → 헬싱키 → 로바니에미
chapter 2 라플란드 사파리
chapter 3 스노모빌, 허스키 썰매 그리고 오로라

chapter 1

1월 28일~29일

캠핑카로 떠나는
겨울 아이슬란드

아이슬란드
Iceland

- 취리히
- 헬싱키
- 로바니에미

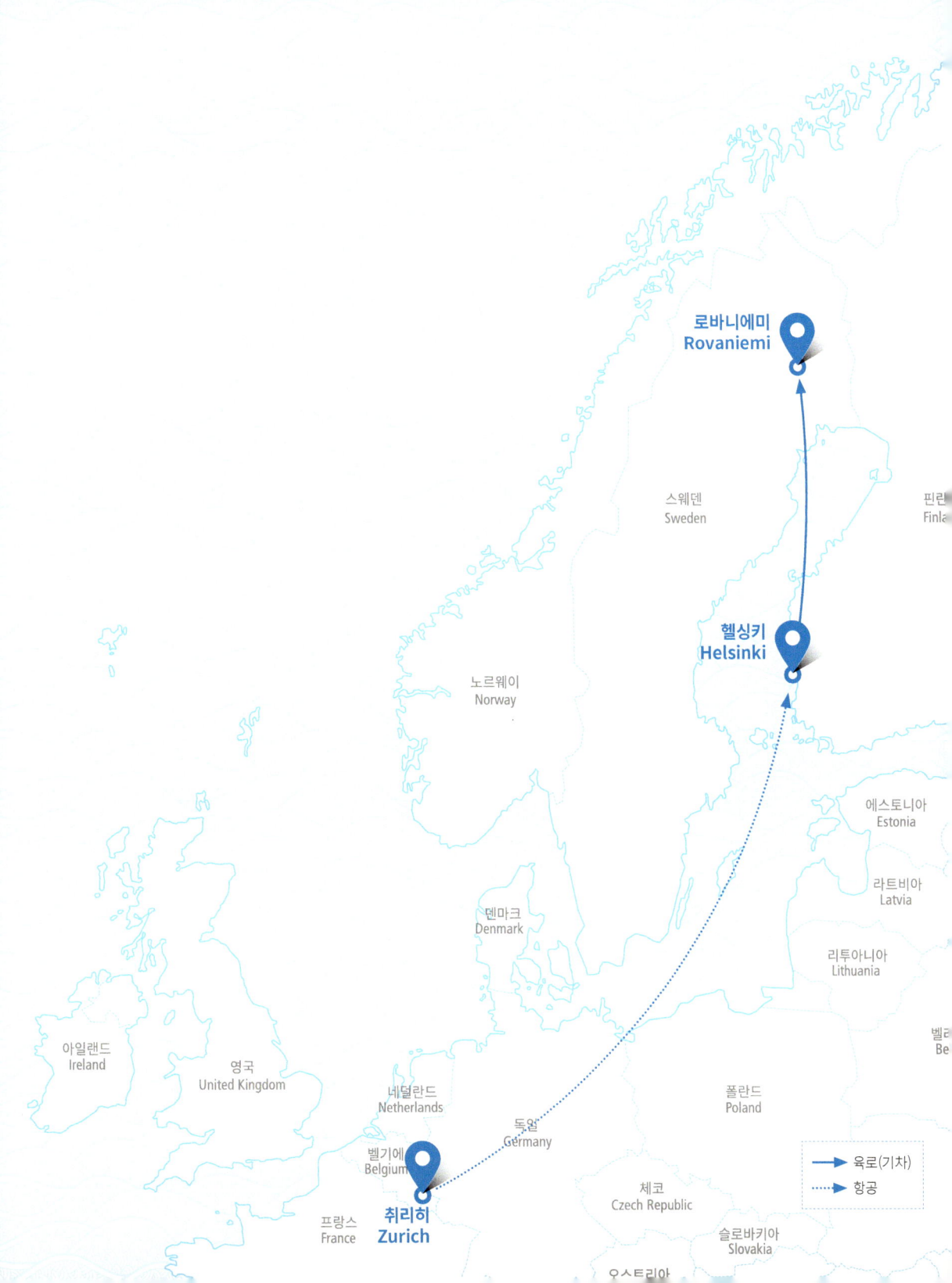

5년 전부터 겨울이면 일본 북해도 스키여행을 하며 유럽 알프스 스키여행을 꿈꿔 왔다. 만년설산 아래 마을과 마을로 이어지는 산악 스키를 타며 내려오는 기분은 어떨까?

2017년 1월, 드디어 그동안 꿈꿔 오던 유럽 스키여행을 떠났다. 스위스 그린델발트 유럽의 지붕인 융프라우와 이웃한 맨 휘, 아이거 3형제봉을 코앞에서 마주 보는 숙소에 9박 10일을 머무르며 곤돌라와 리프트를 타고 2천 미터급 산 중턱에서 시작해 마을과 마을로 길게 길게 이어지는 산악스키를 탔다.

흰 눈 세상 동화 속, 약간은 거칠면서도 다이나믹한, 꿈같았던 스키 여행을 뒤로하고 취리히를 거쳐 핀란드 헬싱키로 날아온 우리는 2017년 1월 28일 저녁, 중앙역에서 아이슬란드와 같은 북위 66° 선에 위치한 로바니에미로 가기 위해 야간 열차를 기다리며 시간을 보냈다. 다행히도 헬싱키 공항 대형 라커룸에 짐을 맡길 수가 있어서 5박 6일간 로바니에미 여행에 필요한 것들만 각자의 배낭에 챙겨온 터라 몸도 마음도 한결 홀가분했다.
2008년 여름, 가족여행을 왔을 때 햇살 가득했던 날씨와 달리 시내 거리는 잔뜩 흐리고 진눈깨비가 내리는 우울한 날씨였지만 동화 속 마을로 데려다 줄 기차를 기다리며 우린 어린아이처럼 마음이 들떴다.

여섯 시, 드디어 열세 시간을 밤새 달려갈 기차가 서서히 플랫폼으로 들어왔고, 침대열차를 처음 타 보는 남편은 2인용 침실 칸에 들어서며 무척 즐거워했다. 아주 작지만 최적화된 동선과 공간활용에 놀라워했다. 남편은 1층, 나는 2층에 자리를 잡고 곧바로 찾아간 식당객실은 간단한 저녁 식사와 술 한잔하는 손님들로 금방 자리가 찼다. 간단하게 저녁을 먹고 와인을 마시며 우리 둘 다 장거리 야간 열차 여행에 살짝 들떠 시간 가는 줄 모르고 이런 저런 얘기를 나누었다. 한동안 잊고 있었던 열차 여행의 낭만이 되살아나 통기타라도 치며 7080 노래를 불러야 할 것 같은 기분이었다.

열 시쯤 침실로 돌아와 와인의 기분 좋은 취기에
단잠이 들어 버렸다. 잠결에 간간이 들리는
덜컹이는 소리는 꿈속의 자장가처럼 아주
달콤하였다.

아침 일곱 시, 어스름하게 밝아오는 하얀 눈 세상
로바니에미역에 도착했다. 기차에서 내리자 전혀
방향 감각이 없는 우리는 잠이 덜 깬 채 어디로 가야
할지 몰라 한참을 그 자리에 그냥 서 있었다. 마치
은하철도 999를 타고 와 어느 낯선 정거장에 내린
그런 느낌이랄까. 간밤의 들뜬 기분 대신 낯섦과
추위에 옷깃을 여미고 잔뜩 웅크리고 있는데 작은
동산만 한 눈더미 너머로 조그마한 역사와 택시를
기다리는 줄이 보였다. 다행히도 얼마 기다리지
않아 택시를 탈 수 있었고 호텔에 들어와서야
사람이 사는 동네에 온 듯 안도감이 느껴졌다. 호텔
로비 페치카 양옆의 방울 달린 고깔모자에 수염이
발밑까지 길게 내려진 산타 인형이 겨울 핀란드의
분위기를 물씬 풍겼다.

간단히 아침을 먹고 따끈한 커피 한 잔을 마시고
바로 산타크로스 빌리지로 가기 위해 호텔에서
100여 미터 떨어진 버스 정류장에서 8번 버스에
탑승했다.

30분 만에 도착한 산타마을은 마침 눈발이 날리고
있어 산타마을 분위기를 한층 돋워 주었다.
버스에서 내리는 입구부터 크고 작은 여러 모양의
산타와 인형, 수공예품들을 파는 기념품점을 지나

산타 오피스에 들어가 길게 늘어선 줄에 우리도 합류했다.

백여 미터 긴 줄을 서 있는 사람들은 어른 아이 할 것 없이 동심으로 돌아가 산타를 만난다는 행복감에 즐거운 표정이었다. 한참을 기다려 만난 산타는 동화 속 모습 그대로였다. 숱이 많고 곱슬거리는 길고 흰 수염에 동그란 안경 속 초록 눈, 희고 발그레한 뺨, 넉넉한 풍채, 인자한 말씨와 미소가 정말 살아있는 산타가 맞았다. 같이 촬영을 하고 사진을 보니 우리도 어느새 동화 속에 들어와 있다.

산타 마을에 왔으니 순록썰매를 안 타볼 수 없지. 여러 코스 중 산타숲을 3km 돌아보는 코스를 선택했다. 흰 눈이 내리니 분위기는 최고다. 2인용 의자에 우리가 앉고 코스 가이드 1명이 우리를 에스코트하며 한적한 숲속을 안내해 주었다. 사슴보다는 크지만 생각보다 여려보이는 순록의 모습을 보고 괜히 미안해져서 내려서 걸어갔으면 싶은 생각이 들기도 하였다. 순록 털가죽으로 만든 무릎 덮개의 흰 눈을 털며 썰매에서 나오자 코스 가이드가 매표소 옆 티피 텐트에서 장작불에 핀란드식 소세지를 구워주었다. 따끈한 뱅쇼도 곁들이니 아주 그만이었다. 순록 덕분에 북유럽의 눈 덮인 조용한 숲을 유유자적 산책하는 호강을 하였다.

들어갈까 말까 한참을 망설이다 들어간 Snowman World 얼음 집은 일본 홋카이도 겨울 스키 여행 때 보았던 것과 비슷했다. 칵테일 바와 식당, 호텔이 순백색의 얼음과 흰 눈으로 되어 있어 깔끔했고 생각보다 춥지 않고 아늑했다.

바에서 보드카 한 잔을 하며 쉬다가 얼음 집 밖으로 나와 마지막 코스인 스노우 타이어 썰매를 탔다. 눈으로 만든 S자 미끄럼틀 언덕을 타이어를 타고 내려오는 놀이는 스릴 만점이었다.

이글루 밖 여전히 펄펄 내리는 눈을 맞으며 점심을 먹기 위해 산타마을에서 제일 유명하다는 연어구이 식당으로 향했다. 대형 티피텐트의 나무문을 열고 들어서자 생각보다 넓은 홀 안은 식욕을 자극하는 연어와 빵 굽는 냄새와 함께 연어가 다 구워지기를 기다리는 사람들로 가득했다.

먹음직스러운 연어는 홀 한가운데 화덕 장작불에 기름이 떨어져 타는 것을 방지하기 위해 양쪽으로 쓸 수 있는 석쇠에 넣어져 옆불로 구워지고 있었다. 드디어 갓 구운 연어와 빵과 샐러드를 곁들인 접시가 나왔는데 맛이 참 좋았다. 연어의 담백함과 새콤하고 신선한 샐러드가 어울려 한 끼 식사로 깔끔하고 고급스러웠다. 이곳에 온 사람들이 모두 이곳에서 점심식사를 하는 듯 그야말로 줄 서서 들어오는 손님이 많은 꽤 유명한 식당다웠다. 같이 캠핑을 즐기는 강원도 봉평 식구들과 함께한다면 얼마나 좋을까? 겉이 바삭하게 구워진 연어의

육즙이 오랫동안 머릿속에 남을 것 같다.

밖은 눈발이 더 굵어져 주변의 나무들은 천연 크리스마스 트리가 되어 산타마을의 분위기가 더 느껴졌다. 대형 트리가 세워져 있는 산타 Office 마당에 있는 북위 66°를 나타내는 선 ARCTIC CIRCLE은 우리가 갈 아이슬란드와 위도가 같아 무척 반가웠다. 키가 아주 큰 삼단 눈사람을 배경으로 사진을 찍고 기념품 점에 들러 산타 가족인형을 사가지고 호텔로 돌아와 호텔 내 핀란드 사우나에 다녀왔다. 완전 건식이라 사우나치고는 좀 맨숭맨숭하지만 그런대로 괜찮았다. 마을의 24시간 그로서리에 가서 빵과 과일을 사다가 간단히 저녁을 먹었다.

chapter 2

1월 30일

캠핑카로 떠나는
겨울 아이슬란드

아이슬란드
Iceland

라플란드 사파리

오늘은 스노모빌 투어를 하는 날. 어제 LAPLAND SAFARIS에 가서 예약을 했는데 여러 코스 중 우린 스노모빌을 타고 가서 순록고기로 점심식사를 한 후 강가 얼음낚시, 설피 산행 및 숲속 체험을 하는 6번을 선택했다. 모두 19명이 헬멧, 장갑, 목도리, 바라클라바, 양말, 신발과 함께 상하일체 방한복을 입고 2인 1조로 스노모빌을 타고 10시에 출발하였다.

가이드를 선두로 사파리 사무실 앞 하얀 눈이 덮인 얼어붙은 강을 줄지어 시속 40~50km로 달리다가 직선 코스에서는 70~80km로 속도를 낼 수 있었다. 두 명의 가이드가 앞과 맨 뒤에서 에스코트를 해 주어 안전하게 핀란드의 강과 호수, 숲의 설경을 스노모빌의 스피드와 함께 제대로 즐길 수 있었다. 시야가 확 트인 평지 호수를 달릴 때는 모두 시속이 100km 정도여서 속도감에 조금 무섭기도 했지만 거침없이 맘껏 질주의 본능을 불사르는 남편은 무아지경인 듯했다.

스트레스가 100km 속도로 싹 날아가버리는 통쾌한 기분을 느끼며 나도 남편 허리를 더 꼭 붙들었다. 야트막한 산길을 오르내리거나 요철 구간을 지날 때 덜컹거리는 바람에 엉덩이가 좀 아프다 싶을 즈음에야 인근호수에 이르렀다.

입구 조그마한 오두막에선 우리 점심인 따뜻한 순록고기 야채 밥이 준비되어 있어서 가운데 모닥불을 지핀 반쪽 티피 텐트 나무 의자에 죽 둘러앉아 빵과 차를 곁들여 점심을 먹었다. 북유럽 가족 여행할 때 순록고기를 맛본 적은 있는데 자연에서 맛보는 고기 맛은 좀 더 특별했다. 어제 산타마을에서의 순록 썰매, 그리고 점심을 먹으며 나무 의자에 깔고 앉은 순록 털가죽, 순록 국밥과 함께 썰매를 끌던 순록의 예쁜 눈이 생각나서 기분이 묘했다.

다음은 옆의 꽁꽁 얼어 있는 호수에서 핀란드 전통 방식으로 얼음 낚시하기. 약 지름 7cm, 길이 1m 정도의 나사 형의 얼음 뚫는 기구를 사용하여 얼음 구멍을 내고 가짜 미끼인 빨간색 지렁이를 소형 낚싯대로 드리우는 방식인데 쉬워 보였지만 직접 해보니 구멍 뚫기가 여간 어려운게 아니었다. 결국 남자들의 도움을 받아 드디어 구멍을 내고 낚싯대를 드리운 채 나도 얼음 위에 쪼그리고 앉았다. 기세 좋게 시범을 보인 가이드를 곁눈질하며 언제 어떤 물고기가 올라올까 기다렸지만 아무 소식이 없었다.

시간이 지나자 일행 중 잘생긴 젊은 청년 3형제는 엇갈리게 팔을 괴고 드러누워 잡담을 하고 있었다. 날씨도 춥지 않고 눈 쌓인 바닥도 습하지 않아 나도 아예 털퍼덕 편히 앉았다. 남편은 일찌감치 낚시를 포기하고 이제 막 기울어지기 시작하는 햇살을 붙들고 풍경사진 삼매경이다. 한 시간 여가 지나자 가이드부터 낚싯대를 거두었고 우리도 머쓱해 하며 낚시대를 거두어 호숫가를 나왔다.

다음 코스는 설피 신고 숲 속 체험하기. 일본 홋카이도 북알프스에서 설피 산행하는 걸 본 적은 있지만 직접 신어보는 건 처음이다. 플라스틱으로 된 짧은 스키를 신는 느낌이었다. 설피 가운데 부츠 부분의 앞이 고정되어 있고 뒷부분은 고정이 되지 않아 걸을 때 발을 옮기기가 수월했지만 닿는 면적이 넓어 보행이 쉽지는 않았다.

가이드를 앞세우고 무릎에서 허벅지까지 빠지는 숲 속을 줄을 서서 걷다가 걸음이 익숙해지자 이리저리 흩어지며 장난을 치기 시작했다. 잘생긴 3형제는 눈밭의 강아지들처럼 뒹굴며 눈싸움을 시작했고 카메라 담당인 엄마는 이를 스냅으로 담아 내느라 분주했다. 한적한 숲 속에 시끌 벅적하게 생기가 돌며 눈밭은 금세 어지러운 발자국들로 아수라장이 되고 말았다. 설피를 신었는데도, 앞선 발자국을 따라 가는데도 눈이 푹푹 빠져 전혀 걸을 수가 없는 게 오히려 더 재미있어서 일행들은 마냥 신나 있었다.

앞서 가던 가이드가 숲 속 어딘가에로 길게 이어진 붉은 여우 발자국을 보여주었다. 발자국이 여러 군데에 찍혀 있는 걸 보면 이곳에 제법 여러 마리의 붉은 여우가 살고 있음에 틀림없다고 한다. 눈이 소리 없이 쌓이는 고요한 겨울 숲속 자기들의 영역을 침범한 우리들의 흔적에 붉은 여우들은 얼마나 놀랄까. 잠시였지만 신비롭기까지 한 핀란드의 겨울 숲속 붉은 여우가 되어 어린아이처럼 즐거웠다.

노을이 지기 시작할 무렵, 스노모빌을 타고 아까 왔던 그대로 대열을 지어 되돌아 오는 길은 환상적이었다. 숲 속 나무들 사이사이로 시시각각 아름다운 저녁노을이 함께했고 특히 끝없이 넓은 호수 지평선의 노을빛은 무어라 형언할 수가 없을 정도로 아름다웠다. 끝없이 펼쳐지는 호수를 시속 100km로 질주하는 남편 등 뒤에서 잠시 잠시 호수 한 가운데에 시간이 정지해 버린 듯한 착각을 하기도 했다.

베스트 드라이버들인 우리 일행을 과대평가한 가이드가 잠시 정해진 코스가 아닌 눈이 많고 아무도 가지 않은 숲길로 인도했다가 우리 바로 앞 스노모빌이 오른쪽 깊은 눈 속으로 전복되어 놀라는 해프닝이 있었지만 우리 일행은 여섯 시간 만에 무사히 출발지로 귀환하였다. 몇 년 전, 일본 홋카이도에 스키 여행을 하면서 세 시간 가량 스키장 산 주변을 스노모빌을 타고 둘러봤던 경험과는 또 다른 굉장히 다이나믹하고 와일드한 멋진 체험이었다. 내일 아침 엉덩이가 많이 뻐근할 것 같다. 남편 얼굴에 맘껏 스피드를 즐긴 자의 행복한 미소가 가득하다.

chapter

1월 31일

캠핑카로 떠나는
겨울 아이슬란드

아이슬란드
Iceland

3

스노모빌,
허스키 썰매
그리고
오로라

어제의 스노모빌 투어에 이어 오늘은 스노모빌을 타고 허스키 썰매를 체험하는 날. 약간 흐린 날씨에 어제와 같은 장소에서 아침 9시 30분에 출발했다. 일행은 캐나다인 젊은 커플이다. 어제처럼 호수와 강을 가로질러 달리다가 산타빌리지를 지나 산길로 접어들었는데 흥이 난 안내가이드가 정해진 길을 벗어나 눈이 많은 길을 회전하여 한 바퀴를 돌아 우리도 그대로 따라 하게 되었다. 그런데 남편이 앞선 스노모빌 발자욱을 살짝 벗어나서 회전을 하는 바람에 우리 스노모빌은 회전 반대 방향의 깊은 눈에 전복되고 말았다. 워낙 눈이 많고 부드러워 뒷자석의 나도 전복되는 순간을 인지할 정도로 천천히 넘어져서 많이 놀라진 않았지만 스노모빌에서 내려 길 위로 오르려고 발을 디디니 눈이 허리까지 올라왔다. 일행인 아가씨가 손을 내밀어 끌어 올려주어 간신히 눈밭을 나올 수 있었다. 눈밭에 그대로 드러누운 덩치 큰 스노모빌을 일으켜 세우느라 가이드와 남편, 남자 일행인 청년이 낑낑거리는 모습에 웃음이 절로 나왔다.

어제의 경험이 있어서인지 끝도 없는 너른 호수를 지날 때 남편은 100km 이상인데도 제법 안정감 있게 달렸다. 우린 어제의 경험이 있어서 그렇다 치고 우리 앞에서 겁도 없이 빠른 속도로 달리고 있는 저 두 남녀는 도대체 뭐지? 더군다나 잠깐 쉬는 사이 남편만큼이나 큰 키에 체격이 좋은 남자에 비해 나보다 더 키가 작고 여리여리해 보이는 여자가 운전석에 바꿔 앉더니 눈 하나 깜짝 안하고 더 거칠게 달리기 시작한다. 나도 전에 한 번 운전 경험이 있어서 야트막한 산 중턱을 오르락내리락 천천히 달린다면 도전해 보려 했는데 호수 위를 90~100km로 질주하는 걸 보고 난 어제 아예 운전석에 앉지 않기로 마음을 먹었었다. 다행히도 자작나무 숲길은 요철이 있어서 속도가 줄긴 했지만 심하게 덜컹거려 뒤에 탄 나는 엉덩이가 깨지는 줄 알았다.

산 어귀 허스키 농장에 도착하여 우릴 기다리고 있던 20여 명의 다른 팀과 합류하여 잠시 썰매 타는 방법과 주의사항을 안내받고 허스키 썰매 체험을 하였다. 모두 2인용이라 나는 썰매에 다리 뻗어 앉고 남편은 길게 올라온 썰매 등판을 붙잡고 서서 발로 풋브레이크를 밟아 속도를 조절하며 달리는 것이다. 두 마리씩 세 쌍으로 나란히 끈으로 연결되어 있는 여섯 마리의 허스키들은 무서운 질주 본능으로 달렸다. 속도 조절을 위해 잠시 정지해 있다가도 조금만 줄을 풀어주면 신이 나서 달렸다.

앞선 썰매의 뒤를 따라 일정 간격을 유지하여 속도 조절을 하며 숲 속 트랙을 30여 분 달려 제자리로 돌아왔다. 순록 썰매를 탈 때는 썰매 끄는 순록이 매우 힘들어 보여서 괜히 미안했는데 이 허스키들은 오히려 달리는 것을 무척 즐기는 것 같아 하나도 미안하지 않았다. 풋브레이크에서 발을 조금만 떼어도 무서운 힘으로 질주하는 녀석들의 힘에 남편은 살짝 겁이 날 정도였다고.

오두막에서 따뜻한 차와 쿠키로 간식을 먹으며 허스키에 대한 설명을 듣고 허스키 150여 마리가 살고 있는 농장을 둘러보았다. 대부분 우리가 알고 있는 전형적인 허스키의 모습을 하고 있기도 했지만 의외로 색깔이 여러 종류였고, 썰매를 끄는 겨울 외의 나머지 계절에는 특별 훈련을 받는다고 하는데 그래서 그런가 기품이 있고 특히 눈빛이 예사롭지 않아 보였다. 남편은 허스키의 질주 본능을 맘껏 즐길 수 없음을 못내 아쉬워 하였다.

갔던 길을 되돌아 호텔로 돌아와 잠시 쉬고 저녁을 먹은 후, 아홉 시 반 LAPLAND SAFARIS에서 버스를 타고 오로라 헌팅 장소로 출발하였다. 20분을 달려 뷰 포인트인 호수의 얼음 집에 도착하여 잠시 노던라이트 영상물을 보고 순록 털가죽이 얹혀져 있는 긴 나무의자에 둘러 앉아 캠프파이어를 하며 불에 구운 소시지와 순록고기 햄버거로 간식을 먹었다. 이때를 위해 준비한 다운 솜 바지를 보란듯이 입고 온 우리는 오로라만 볼 수 있다면 추위쯤이야 밤새라도 견딜 수 있지 하는 생각으로 왔는데 7~8명이 탈 수 있는 스노모빌 썰매를 타고 500여 미터 호수 한가운데로 이동하여 내리자마자 하늘에 희미하게 오로라 흔적이 나타나기 시작하였다.

"어어, 이건 뭐지?"

놀라는 사이 오로라 활동이 본격적으로 시작되었고 남편과 나는 급하게 손전등을 켜고 카메라 세팅을 했다. 앞이 캄캄한 얼음호수 위에 서서 올려다 본 확 트인 하늘엔 리본 체조 선수가 연두색 리본을 휘감으며 현란한 연기를 하듯 이쪽 끝에서 저쪽 끝을 오가며 오로라가 형형색색으로 춤을 추기 시작했다. 그럴 때마다 근처 여기저기 뷰포인트에서 오로라 헌터들의 함성이 들려왔고 우리 일행들도

"와, 와!"

함성을 질렀다.

휴대폰 사진이 영 시원치 않아 사진 찍기를 포기한 나도 30여 분간의 빛의 축제를 맘껏 즐겼다. 1초도 안 되는 짧은 시간 단위로 모양과 색깔이 바뀌니 순간의 빛을 따라잡아 감상하기에도 벅찼다. 얼음 호수 위 둥글게 확 트인 하늘 무대의 화려했던 춤사위를 거두기 아쉬운 듯 처음 올 때처럼 서서히 흔적을 지우며 빛이 사위어 가자 그제서야 나도 정신을 차릴 수 있었다.

녹색과 연둣빛, 그리고 옅은 주황과 노란빛의 흩뿌리는 연기를 타고 하늘 높이 날아올라 맘껏 춤을 추고 금방 내려온 사람처럼 쉽게 흥분이 가시지 않았다. 뻐근해진 목을 만지며 문득 돌아보니 그제서야 여태껏 꼼짝 않고 그 자리에서 사진을 찍고 있는 남편이 눈에 들어왔다. 주변이 너무 어둡기 때문에 초점을 맞출 기준점을 찾지 못해 핀을 제대로 못 맞춘 채로 촬영을 해서 잘 찍을 수가 없었다고 못내 아쉬워하였다. 찬찬히 카메라 세팅할 시간도 없이 바로 오로라가 나타났으니 어쩔 수 없는 일이긴 했다.

돌아오는 버스에서 헌팅가이드는 우리보다 더 흥분하여 오늘은 운이 좋아 멋진 오로라를 보게 된 거라며 호들갑을 떨었다. 그도 그럴 것이 생전 처음 오로라 헌팅을 나갔는데 1초도 안 기다리고 그 멋진 오로라를 맘껏 구경했으니 우리는 정말 운이 좋았다. 호텔에 들어와 사진을 확인하던 남편이 맘에 드는 사진이 몇 장 있다며 보여 준다. 얼음 호수 위 광활한 하늘에 펼쳐지던 빛의 향연을 직접 눈으로 보고 가슴으로 느낀 만큼에 비하면 손톱만큼도 아니지만, 찰나의 아름다움을 멋지게 담아낸 카메라가 기특하다. 자연의 신비로움을 직접 목격할 수 있음에, 카메라에 멋지게 담아준 남편에게 감사하다.

'오로라 경험하기' 버킷 리스트를 이룬 날, 참 멋지고 행복한 날이었다.

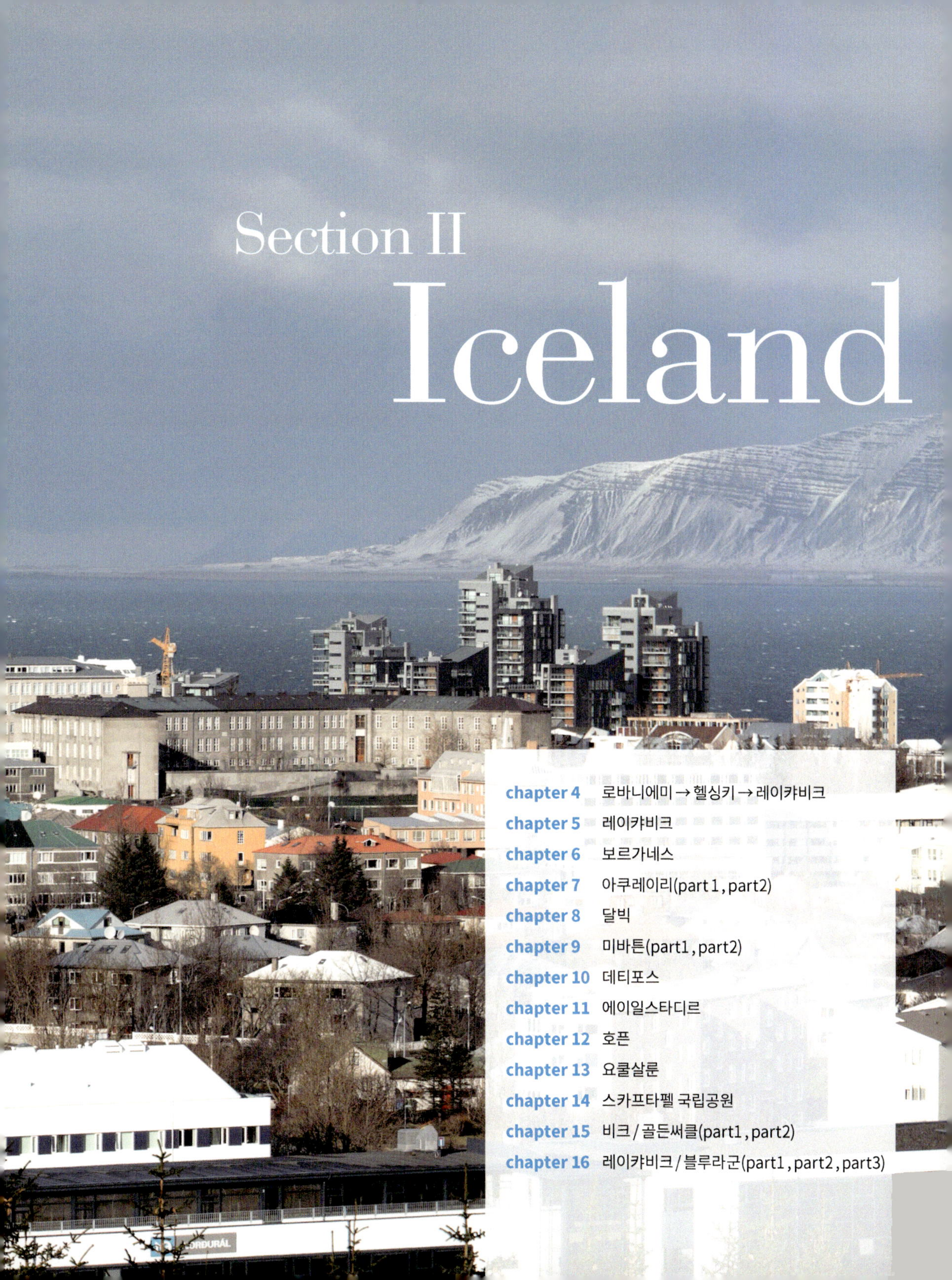

Section II
Iceland

chapter 4	로바니에미 → 헬싱키 → 레이캬비크
chapter 5	레이캬비크
chapter 6	보르가네스
chapter 7	아쿠레이리(part1, part2)
chapter 8	달빅
chapter 9	미바튼(part1, part2)
chapter 10	데티포스
chapter 11	에이일스타디르
chapter 12	호픈
chapter 13	요쿨살룬
chapter 14	스카프타펠 국립공원
chapter 15	비크 / 골든써클(part1, part2)
chapter 16	레이캬비크 / 블루라군(part1, part2, part3)

chapter

2월 1일~2일

캠핑카로 떠나는
겨울 아이슬란드

레이캬비크
Reykjavík

아이슬란드
Iceland

4

- 로바니에미
- 헬싱키
- 레이캬비크

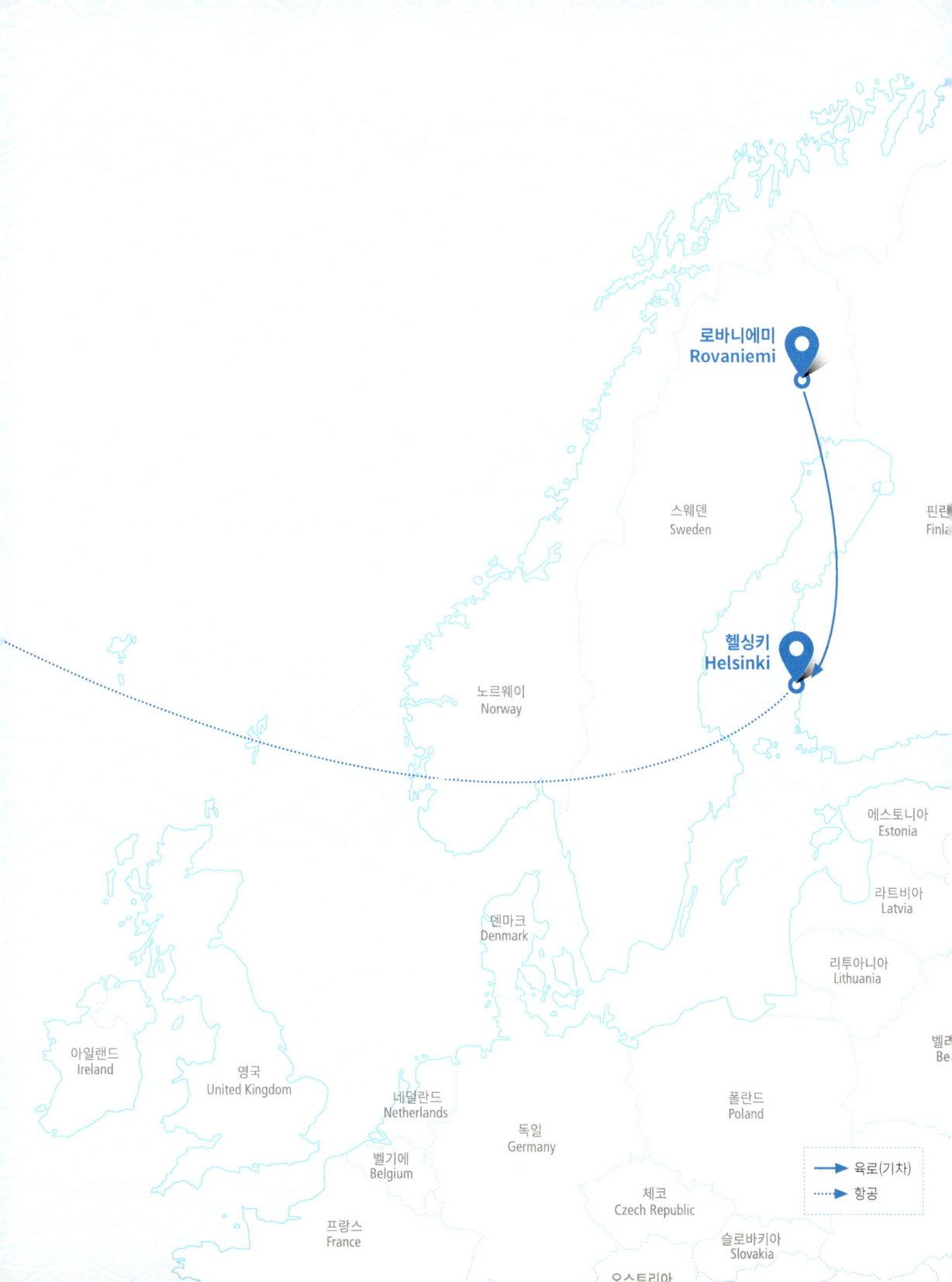

저녁 여섯 시, 로바니에미에서 헬싱키행 야간 열차에 올랐다. 식당 객실에서 간단한 저녁을 먹고, 와인 한 잔을 하며 로바니에미에서의 시간을 되돌아 보았다.

밤새 야간 열차를 타고 와 어스름 새벽 로바니에미역에 내렸을 때 은하세계에 온 듯 낯선 곳에 대한 호기심과 설레임을 가득 안고 나도 모르게 동심으로 돌아가 동화 속 산타를 만나며 즐거웠고, 순록과 허스키 썰매, 스노모빌을 타고 북위 66° 핀란드의 겨울 숲속을, 강과 호수를 맘껏 질주하며 때묻지 않은 알싸한 공기를 맘껏 호흡할 수 있었다. 무엇보다도 자연의 신비로움을 눈으로 맘껏 담을 수 있었던 오로라의 향연까지. 리드미컬한 열차의 은은한 흔들림에 몸을 맡긴 채 단잠을 자고 나면 또 다시 문명의 세계로 이동해 있겠지.

정확히 아침 7시 3분에 동화 속 나라를 나온 앨리스처럼 우린 헬싱키역에 도착하였다. 떠나던 날처럼 잿빛 하늘에 진눈깨비가 내리는 우울한 날씨였지만 우리 둘 다 기분은 아주 좋았다. 택시를 타고 공항에 가서 락커 룸에 맡겼던 짐을 찾아 공항 카페에서 샌드위치와 요플레, 커피로 간단하게 아침을 먹었다. 여행을 시작하고 처음으로 딸 유진이와 아들 태준이에게 연락을 했다. 유진이는 여전히 회사일로 바쁘게 지내고 있고, 태준이는 결혼 준비로 바쁘다가 설 연휴에는 강원도 봉평 캠핑장에서 숙식하며 휘닉스 파크 스키장에서 알파인 보드를 탔는데 여자친구인 나래 보드 실력이 제법 늘었다는 소식을 전한다. 미안하고 고맙다.

오랜 기다림 끝에 드디어 레이캬비크행 비행기 수속을 밟았다. 그런데 체크인 하고 돌아서는 남편이 툴툴거린다. 웬일인지 좌석이 잘못되어 사무원과 옥신각신한 끝에 결국 우리 좌석이 서로 떨어지게 되었다고 한다. 잠시만 헤어져 있는 걸로. 그나저나 유진이가 톡으로 레이캬비크 날씨가 3일 연속 비가 오는 걸로 되어

있다며 걱정을 한다. 마침 오늘 저녁 일곱 시 할그림스키르캬 교회에서
'빛의 축제' 시작을 알리는 오프닝 행사가 있어서
좋아라 했는데, 눈이 와야지 비라니. 어쨌든 지난여름 처음
아이슬란드를 갈 때만큼이나 겨울 아이슬란드의 모습이 궁금하고
기대가 된다. 사랑이 더 깊어져 있을 사랑하는 사람을 만나러 가는
연인들 마음처럼 가슴이 두근거린다.

그사이 한국에서 응원메시지가 왔다.
"위대한 대자연 속에서 생명과 문명의 탐색, 인간과 대자연의 관계
등을 살펴보면서 우리의 정체성을 음미해 보는 것, 두 눈으로 보고
가슴으로 느껴보지 않고 어찌 표현할 수 있을까요? 맘껏 느끼고
즐기시고 돌아오시면 그 일부분이라도 전해 듣길 원합니다."
라는 문호리에 계신 김순성 님이 보내 주신 문자와 함께 드디어
레이캬비크행 비행기에 올랐다. 여전히 하늘은 회색 빛, 진눈깨비가
심술궂게 날리고 있었다.
남편과 잠시 헤어져 있어야 하는 서운한 마음을 창가에서
바라보이는 아이슬란드 최대 빙하인 바르나요쿨이 한껏
달래주었다. 흰 구름 밑으로 어마어마하게 드러나는 빙하의 규모에
입이 떡 벌어지다가, 나도 모르게 감탄사를 연발하다가 종국에는 끝
모를 연대감이 차올라 가슴이 벅차지기도 하였다.

그래, 너의 위대함을 통해 나의 정체성을 찾고자 내가 다시 왔구나!

케플라빅공항에서 캠퍼밴을 인계받고 빛의 축제
오프닝 이벤트를 보기 위해 곧바로 할그림스키르캬
교회로 향했다. 날씨는 살짝 흐려 있었고 길가 눈은
질퍽질퍽 녹고 있었다. 교회로 향하는 언덕길로
접어들자 음향기기 등을 점검하느라 분주한 가운데
어둠속에서도 낯익은 교회의 모습이 보이기
시작했다. 반가운 친구를 만난 듯 벅찬 황홀감에
우린 금세 레이캬비크 품에 푹 안겨버렸다. 숨돌릴

틈도 없이 남편이 카메라 위치를 정하는 동안 나는 교회 앞 마트에서 물을 사가지고 왔다. 교회 앞 골목길이 마치 우리 동네인 양 친근하고 익숙하다.

주변에 빽빽하게 사람들이 가득 찬 가운데 드디어 7시 45분, 레이캬비크 시장의 인사말에 뒤이어 근사한 음향과 함께 빛의 축제가 시작되었다. 땅속의 붉은 불이 이글이글 끓다가 지면으로 터져올라 하늘로 솟아오르는 모습을 형상화하여 할그림 교회의 전면에 비춘 멋진 작품이 눈앞에 펼쳐졌다. 웅장한 배경음악까지 곁들여져 지금 막 지구가 깨어나는 경이로운 장면과 지난여름 햇살을 받아 희고 단아하게 빛나던 교회가 화려한 빛의 움직임으로 재 탄생하는 모습을 지켜보며 태초의 원시를 경험하였다.

따뜻한 커피 한 잔에 빵으로 간단하게 저녁을 먹으며 하르파로 향했다. 여름에는 벌집 문양의 기하학적 선에 감탄했는데, 지금은 이곳 역시 현란한 빛의 향연을 펼치고 있었다. 건물 전면의 물가에 반영된, 시시각각 변하는 빛이 아름답다. 할그림, 하르파, 그리고 오로라…, 겨울 아이슬란드는 이렇게 현란한 빛의 옷으로 갈아입고 우리를 맞고 있었다.

하르파를 보고 주차장을 막 빠져나온 도로에서 갑자기 차가 서 버렸다. 클러치가 고장이 나서 말을 안 듣는다. 비상등을 켜고 렌터카사무실에 전화하니 바로 달려와 비상조치를 해 주고 우리가 캠프사이트로 갈 때까지 따라와 주고는 내일 아침 9시에 차량교체 약속을 하고 돌아갔다.

캠프사이트에는 10여 대의 캠핑카가 조용히 겨울 밤을 맞이하고 있었다. 지난여름, 빼곡하게 차있던 캠프사이트는 텅 비어 썰렁했다. 조심스레 공동 취사장을 둘러보고는 단지 겨울날씨 추위만은 아닌 한기를 느끼며 순간 살짝 서글픈 생각이 들기 시작했다. 예상은 했지만 이렇게 썰렁할 줄은 몰랐다. 잠시 당황해 하고 있는 내 표정을 읽었는지 좀 더 적극적으로 주변을 살피던 남편이 이리와 보라며 손짓을 했다.

굳게 잠겨 있는 공동 취사장 출입문에 A4용지 한 장이 붙어 있었다.

"이곳은 3월에 개장을 하니 필요하면 옆 건물인 호스텔의 키친룸을 이용해도 됩니다."

얼마나 고맙고 반가웠던지…. 작지만 따뜻한 배려에 서글퍼지려던 마음이 금세 온기로 가득 찼다. 우리와 처지가 비슷한 사람이 있고, 그런 사람을 배려해 주는 손길이 마음에 닿아 끈끈한 연대감이 다시 한 번 진하게 전해졌다.

> **Dear campsite guests**
> We will open our facilities in March. Until then guests get assistance in our Hostel next door.
> There guests can use WC, showers, Wi-fi and kitchen.
> Best regards,
> Campsite team

빵으로 간단히 요기는 했으니 얼큰하게 라면을 끓여 먹기로 하고 들어선 호스텔 키친룸에는 두 팀이 막 저녁 식사를 하고 있었다. 그중 한 팀은 한국 사람들로 우리가 인사를 건네자 반갑게 맞으며 마시고 있던 보드카인 벨루가와 칵테일을 권했다. 뜻하지 않은 따뜻한 환대에 오랜만에 반가운 사람을 만난 것처럼 기뻤다. 3박 4일의 골든써클 여행을 무사히 끝내고 자축 파티를 하며 한껏 여흥을 즐기고 있는 그들은 다섯 명 모두 러시아와 영국 등 각지에서 온, 직업과 성별 연령대가 다르지만 아이슬란드를 공통분모로 만난 사람들이란다.

"우리 참 특이한 조합이지요?"
하고 깔깔 웃더니

"어떻게 겨울에 아이슬란드 여행을 하실 생각을 하셨어요?"
라는 내 물음에 눈을 동그랗게 뜨며

"아이슬란드는 겨울 여행이 제격 아닌가요?"
하고 그중 키가 크고 날씬한 멋쟁이 아가씨가 말한다.

'맞아, 오로라가 있었지?'
"오로라를 보셨어요?"
내 물음에 다섯 명이 모두 반색을 하며

"물론 봤죠."
하며 각자 휴대폰으로 찍은 사진을 내민다.

"우리도 핀란드에서 보고 왔어요."
하며 남편이 찍은 사진을 보여주자 자기들이 찍은 사진보다 더 멋있다며 부러워한다. 우리가 보고 온 오로라를 이들에게 자랑하게 될 줄이야….

빛의 축제 이야기를 우리에게 전해 듣고서야 부랴부랴 할그림과 하르파를 보기 위해 그들이 떠나고 나서 우린 라면에 보드카 한 잔을 더 나누며 이곳에 다시 오게 된 것을 자축하면서 여유로운 휴식을 할 수 있었다.

저녁 뒷정리를 하고 캠핑장 주차장에 주차한 우리 숙소, 캠퍼밴으로 향했다. 뉴질랜드에서 빌렸던 캠핑카와는 달리 키친과 화장실 등은 없는 침실로만 쓸 수 있는 작은 공간이지만 운전석 뒷자리에 두툼한 매트가 깔려 있고 매트 커버와 침낭, 담요, 베개와 베개 커버가 깨끗하게 준비되어 잠자리로 손색이 없다. 2인용 식기세트와 가스레인지 세트, 소형 냉장고 등의 부엌 살림살이는 물론 별도의 배터리로 작용되는 전기히터, 4G 와이파이, GPS 등 편의 시설도 완벽하게 갖추어져 있어서 숙식하는 데 아무런 문제가 되지 않는 구조로 되어 있다. 세세한 정보를 알았다면 짐을 더 최소화할 수 있었는데….
제공되는 침낭도 영하 20℃에서 견딜 수 있는 제품인데 침낭만큼은 우리가 가져온 것으로 쓰기로 했다. 생각보다 날씨가 안 추워서 히터는 틀지 않고 그냥 자보기로 했다. 침낭 속에 들어가 두 마리의 애벌레가 되어 달콤한 잠을 청했다. 바깥의 겨울 바람이 스칠 때마다 숨을 쉬듯 차체가 살짝 흔들리는 리듬에
몸을 맡긴 채.

'우린 바로 이런 순간을 기다려온 거야.'
흡족해 하며

'오길 잘 했어.'
어둠 속에서 슬그머니 미소를 지었다.

chapter

2월 3일

캠핑카로 떠나는
겨울 아이슬란드

5

레이캬비크

아침 7시 30분에 눈을 떴다. 아담한 실내와 낮은 천장 덕분에 따뜻하고 아늑하게 꿀잠을 잤다. 바깥 바람에 살짝씩 흔들리던 차체의 리듬은 아주 익숙한 자장가가 되어 자연에 안긴 편안함을 더해주었다.

'우린 역시 이런 생활이 체질이야!'

기지개를 켜며 차창 커튼을 열었다. 세상에, 반갑게도 흰 눈이 소복이 쌓여 있었다. 비가 내린다는 예보를 듣고 어쩌나 했는데…. 겨울이니 눈이 오는 게 당연한 건데도 마치 우리를 반기는 듯하여 기분이 아주 좋았다. 이제야 상상하던 겨울 풍경이 눈앞에 펼쳐진 것이다. 캠핑카들도 하얀 눈을 맞은 채 아직 아침잠을 자고 있었고 캠핑장 담 너머 수영장에선 하얀 수증기가 무럭무럭 피어올랐다.

어제 약속한 대로 9시쯤 렌터카 업체에서 와 차량 교체를 해주었고, 바로 호스텔 키친룸에서 아침을 지어 먹었다. 어제 장을 봐온 야채로 된장찌개를 보글보글 끓여 구수한 누룽지와 함께. 정말 오랜만에 맛보는 된장찌개 맛은 아주 훌륭했다. 창 밖 아침 설경을 즐기며 느긋하게 아침을 먹고 있는데 젊은 엄마가 유모차를 밀고 들어와 조리대에 서더니 작은 배낭을 멘 채 아기 이유식을 만들기 시작했다. 먼저 식사를 마치고 커피를 준비하러 일어선 남편이 유모차 아기를 들여다보며 아기 엄마에게 말을 건넸다. 유모차에 누운 6개월 된 아들은 아직 곤히 자고 있었다. 눈이 소복이 내린 캠핑장 뜰을 산책 중인 다섯 살 난 딸과 아빠가 유리문 밖으로 보였다.

그러고 보니 딸과 아빠가 다정히 걷고 있는 뜰 한 켠에 어제 밤에 못 보았던 연두색 조그마한 텐트 두 동이 나란히 눈을 맞은 채 아침을 맞고 있었다. 곧이어 들어온 두 명의 젊은 프랑스 여인들의 아침 수다가 시작되며 식당 안이 시끌벅적 활기가 돌았다.

여름의 아이슬란드와는 많이 다르겠지, 많이 추울 거고, 황량할 테고, 사람들도 많지 않아 적적하겠지 했는데 오늘 아침, 겨울 아이슬란드의 의외의 활기찬 풍경에 놀라고 있는 중이다. 추운 겨울 눈 위의 텐트, 어린 아이들과의 여행을 목격하며 여행을 하지 못할 핑계가 엄청나게 줄어들고 있는 중이다.

아침을 먹고 나와 멀리 하얀 설산을 바라보며
트요르닌 호숫가의 썬 보야져를 거쳐
하르파를 지나고 올드하버까지 산책을 하였다.
할그림스키르캬 교회 언덕 길을 올라갔다가
내려오는 길에 핫도그로 군것질을 했다. 여름에
먹었던 맛 그대로다. 핫도그를 조그만 가게 앞
길거리 벤치에 앉아 노란 소스를 줄줄 흘리며
먹다가 역시 같은 모습의 맞은편 노부부와 눈이
마주쳐 서로 깔깔거리며 웃었다. 따뜻하고 눈 부신
햇살만 더해진다면 여름과 별반 차이가 없겠다
싶을 정도로 거리는 사람들로 활기찼다.

오늘 저녁은 그로타 등대로 오로라를 보러 가기로
하고, 샤워도 할 겸 우리 캠프 사이트 옆의 수영장에
갔다. 레이캬비크에 있는 7개의 수영장 중 가장 큰
수영장이다. 약 38℃의 지열온수를 이용해 수영과
노천온천을 즐길 수 있게 시설이 잘 갖추어져 있어
가족 단위의 관광객이 참 많다. 길고 추운 겨울을
견뎌야 하는 이들에게 이글이글 끓는 땅속의
뜨거운 불을 따끈한 온천수로 콸콸 솟아 올려
그들은 물론 여행자들의 몸과 마음을 푸근하게
녹여주고 있다. 캠프사이트 바로 옆인데도 여름에
왔을 땐 존재감이 없었는데 계절이 바뀌니 존재
이유가 크게 느껴진다. 온천을 하고 캠프사이트로
돌아와 밥을 짓고 김치찌개를 끓여 저녁을 먹었다.

어제 이곳에 도착했을 때만 해도 과연 우리가 겨울 여행을 잘 해낼 수 있을까 걱정이 앞섰는데 우린 벌써 잘 해내고 있는 중이다. 온천까지 하고 나니 한결 마음의 여유까지 생겼다. 그런데 저녁식사가 끝나기도 전에 비가 내리기 시작했다.

좀 있다 그치겠지 기다렸지만 아예 장맛비처럼 주룩주룩 내린다. 오로라지수는 높다고 나와 있는데, 아쉽지만 오늘 오로라 헌팅은 접어야 했다. 스위스 알프스 그린델발트 스키에 이어 이곳에서도 스키를 타고 싶어 알아보니 비가 많이 와 눈이 녹아서 어제 스키장 문을 안 열었단다. 눈이 너무 많이 오면 어떻게 여행을 할까 걱정만 했지 눈이 없는 아이슬란드는 상상도 하지 못했었다.

늦은 밤까지 호스텔 라운지에서 눈 대신 비 내리는 창밖을 보면서 아메리카노를 마시며, 음악을 들으며 오랜만에 노닥노닥 여유를 즐겼다. 이곳은 영상 7℃, 서울은 영하 7℃. 흰 눈이 가득한 세상을 꿈꾸며 왔는데 헐….

스키를 타려던 내일의 계획을 취소하고 보르가네스로 떠나기로 계획을 급 변경했다. 여름과는 반대 방향으로 일정을 잡았다. 구글 뉴스에 아이슬란드가 150년 만에 눈의 양이 최저라는 내용이 떴다며 남편이 보여준다. 추위에 대비해 두툼한 다운바지에 핫팩도 잔뜩 가져왔는데 전혀 예상치 못했던 날씨에 좀 당황스럽다.

2월 4일

chapter

캠핑카로 떠나는
겨울 아이슬란드

6

보르가네스

아침 6시 50분, 눈을 뜨자마자 보르가네스로 출발했다. 차가 휘청거릴 정도로 바람이 불고 진눈깨비가 오고 있어 앞이 캄캄했다. 따닥따닥 빗소리와 차를 흔드는 바람소리에 간간이 잠을 깨며 혹시 차가 날라가지 않을까 걱정이 될 정도로 간밤에 심한 바람이 불었다. 세 시간 거리의 Husafell Hotel에 들러 동굴 투어 예약을 했다. 원래는 빙하 투어를 하려 했으나 다음 주 화요일까지 예약이 차 있고, 오늘 아침 예정이었던 빙하투어는 기상악화로 취소되고 오후 투어가 남아 있었지만 여분의 자리 나기가 쉽지 않을 것 같아서였다. 여행기간이 짧아 돌아가야 하기 때문에 자리 나기를 기다린다며 호텔 로비에서 대기하고 있는 한국인 남자 두 분을 뒤로하고 우린 광풍이 몰아치는 눈 속을 또 달렸다.

해 뜨기 전 어스름한 새벽녘처럼 시야가 흐린 도로를 20여 분 더 달려 The Cave에 도착했다. 무심코 그냥 지나칠 수 있을 정도의 야트막한 작은 건물 안으로 들어서자 일행과 가이드가 우릴 기다리고 있었다. 안내를 받으며 100여 미터 눈길을 걸어 동굴 입구로 들어섰다. 미국 캘리포니아에서 왔다는 가족 아홉 명에 두어 살 난 여자 아기가 함께 동행했다. 다행히 바람이 조금 잦아들고 날이 맑아져 그제서야 주변의 경치가 보이기 시작했다. 아이슬란드 특유의 360° 확 트인 들판에 하얀 눈 세상, 흰 눈의 음영이 선명하게 그라데이션이 되어 입체감이 돋보이는 높고 낮은 산, 경치는 아이슬란드스러운데 동양의 수묵화가가 와서 슥 그림을 그려 놓고 간 듯한 풍경이다.

Vidgelmir 동굴로 내려서는 입구 천정이 두 군데가 뻥 뚫려 있어 그 사이로 푸른 하늘과 눈 덮인 설산이 보인다. 동굴 총 길이는 1.2km로 아이슬란드에서는 제일 긴 동굴이란다. 동굴벽에 수없이 다닥다닥 붙은 용암이 식어서 만들어진 조그마한 돌기인 라바가 인상적이었다. 빙하투어를 하지 못한 것을 못내 아쉬워했더니 요쿨살룬에서 혹시 더 좋은 기회가 있을지 모른다며 기대해 보라고 남편이 위로해 준다.

동굴에서 나와 보르가네스로 향했다. 간간이 눈이 흩뿌리긴 했지만 경치를 즐기기엔 부족함이 없는 날씨였다. 히터를 틀고, 따끈한 차를 마시며 이제야 그리던 겨울 풍광을 제대로 즐기게 되었다. 온통 흰 눈으로 하얗게 덮인 '무'의 세상을 상상했는데 눈이 많지 않아 온통 흰 세상은 아니었다. 강도, 크고 작은 돌들도, 높고 낮은 언덕들도 제각각의 모습으로 자신의 존재를 드러내고 있었다. 여름의 푸르름이 사라진 자리에 또렷하고 선명하게, 자신의 숨결과 솜털까지도…. 흑백으로 잘 그라데이션되어 있는 저 산들은 또 어떻고. 매 순간이 최상의 아름다움인 자연이여!

Settlement Center에 들러 사진첩을 한 권 사가지고 나와 마을 입구 조개 조형물이 있는 언덕에 올랐다. 바람이 불어 숨쉬기조차 어려웠지만 한참을 서서 주변을 살펴보았다. 피요르드 건너 여름의 붉은 흙산은 근사한 흑백의 설산으로 변신하여 위용을 자랑하고 있었고 마을은 금방 뽀독뽀독 세수를 하고 단장을 끝낸 듯 산뜻하고 또렷한 얼굴로 우리를 반기고 있었다.

마을 끝 다리를 건너 부두까지 건너가서 바다 구경을 하고 돌아와 Borgarnes Hotel 라운지 카페에서 커피를 주문하려고 앉았다. 그런데 우리가 분위기 있는 카페를 찾고 있는 중이라는 것을 알아챈 눈치 빠른 웨이터가 근처 커피숍을 알려주었다. 그곳에서 100여 미터 거리의 언덕길가 노란색 건물의 카페 kaffi kyrr는 마치 집에 온 듯한 편안한 분위기여서 차와 케익 한 조각을 시켜 놓고 노닥거리기 좋았다. 노곤함에 졸음이 살짝 살짝 밀려와 눈을 감고 있는 사이 카페 창밖으로 산과 바다를 배경 삼아 노을이 예쁘게 물들고 있었다. 푸른 하늘과 흑백의 설산과 바다와 붉은 노을의 조화가 한 폭의 그림이다.

더 어두워지기 전에 다시 부둣가로 향하는 다리를 건너가 부둣가 주차장에서 된장찌개를 끓여 저녁을 먹고 이제부터는 날이 어두워지기를 기다렸다. 이 마을로 들어설 때부터 오로라 헌팅 장소로 이곳을 점 찍어둔 터였다. 하지만 오늘 오로라 지수도 높고 마침 하늘도 맑아 이곳에서 오로라를 보리라 잔뜩 기대한 우리 마음도 몰라 주고 구름이 점점 많아지더니 급기야는 구름이 하늘을 까맣게 덮고 말았다. 오로라 헌팅을 시도할 겨를도 없이 우린 마을 한가운데 가로등도 환한 Settlement Center 주차장에 자리를 잡고 일찌감치 잠자리에 들었다.

chapter 1

2월 5일~6일

캠핑카로 떠나는
겨울 아이슬란드

7

아쿠레이리

/ Part 1 /

오늘 구간은 링로드 중 제일 이동거리가 긴 구간이다. 보르가네스에서 아쿠레이리까지 320km를 달리는 것이다. 드라이브를 좋아하는 나는 가장 행복한 날이다. 아침 여섯 시에 출발하여 도로 고도가 조금씩 높아지자 비에서 눈으로 바뀌며 금세 도로와 주위가 하얀 눈 세상으로 변하였다. 그야말로 온통 하얀 눈 세상이다. 운전을 하는 남편도 나도 괜스레 흥분하여 아침 먹는 것도 깜빡할 뻔 했다. 한적한 도로 쉼터에서 눈을 맞으며 계란을 삶고 물을 끓여 따뜻한 커피 한 잔에 즉석 샌드위치와 과일, 요플레로 맛있는 아침 식사를 했다. on the road의, 영양과 따뜻함과 행복이 담뿍 담겨있는 자연 속의 식사!

고도가 낮은 산 밑 눈이 없는 들판에는 말들이 나와서 마른 풀을 뜯고 있었고, 여름 흰 쌀 튀밥처럼 초원 위에 흩어져 있던 하얀 건초덩어리는 한곳에 가지런히 모아져 있었다. 흑백 설산의 원근감과 무채색의 아름다움을 배경으로 아이슬란드의 겨울은 여전히 여름 못지 않은 황홀한 풍경을 연출하고 있었다. 같은 아이슬란드 링로드를 달리고 있지만 계절과 방향이 다르니 아주 새로운 아이슬란드의 모습을 보는 재미가 참으로 쏠쏠하다.

다시 고도가 높아지며 무채색의 세상이 펼쳐질 때 마침 CD에서는 김광석의 '길가에서'가 흘러 나온다. 차창 밖의 풍광과 기가 막히게 어우러지는 노래 가사에 그만 온몸에 소름이 돋고 숨이 멎을 듯하다. 눈발이 굵어지고 차창에 흩뿌리는 눈송이가 시야를 어지럽힐수록 우린 신이 나서 창문을 열고 눈바람을 맞기도 하고 내려서 사진을 찍기도 했다. 지나는 차도 드물어 이 세상에 우리만 있는 것 같은 착각에 이 세상을 다 가진 듯 가슴이 벅차 올랐다. 창문을 내리고 몸을 내밀어 두 팔을 벌리며 세상을 향해 '야호' 외치자 밖에서 풍경 사진을 찍던 남편이 그 모습을 찍었다며 보여 주는데 제법 근사하다. 하하.

제법 긴 황홀한 드라이브가 끝나고 아쿠레이리로 접어들자 역시나 눈 덮인 설산이 우릴 먼저 맞아 주었다. 흑백의 선명하면서도 강렬한 산을 지붕 삼아, 그 밑에 포근하게 안겨 있는 예쁘고 자그마한 도시. 여름에 이용했던 캠프사이트 바로 아래쪽 수영장을 먼저 찾았다.

역시 지열을 이용한 수영장, 사우나, 온천을 겸한 곳이어서 가족단위의 여행객들로 붐볐다. 43℃, 38℃ 탕이 따로 구분되어 있고 노천 온천이어서 흰 눈을 맞으면서도 따끈하고 유쾌하게 물놀이와 휴식을 취할 수 있어 좋았다. 제법 차가운 바람이 불고 있어 맨몸으로 들어가 이쪽 저쪽을 오고 갈 때는 무척 추웠지만 43℃ 열탕에 들어가 앉으면 마음까지 녹아내려 세상 부러울 것 없이 안락하고 평화로워졌다. 엄마의 자궁 속 양수가 이렇게 따뜻하고 편안할까?

온천을 하고 나와 늦은 점심 겸 이른 저녁을 해 먹으려고 아래 마을에 위치한 호스텔을 찾아 갔다. 그런데 아쉽게도 게스트만 이용할 수 있도록 문이 잠겨 있어서 그냥 되돌아 나오다가 마침 출입구에서 마주친 관리 아가씨에게 사정을 이야기했더니 비밀번호를 살짝 알려 주었다. 규정에 맞게 깨끗하게 사용하고 나온다는 조건으로.

호스텔 키친룸은 자그마한 규모의 아주 정갈하고 아늑한 분위기가 풍기는 부엌이었다. 오랜만에 제대로 된 부엌에서 좀 전에 장 봐온 재료로 카레를 만들고 흰 쌀밥을 짓고 소세지를 노릇하게 구워서 식탁에 앉아 저녁 식사를 하였다. 게스트인 수염을 기른 미국 청년이 들어와 능숙하게 고기를 구워 저녁식사를 하며 유쾌하게 우릴 대해 주었다. 설거지를 하는데 창 밖 뜰에 검은 바탕에 흰색 얼굴을 한 예쁜 고양이 한 마리가 다가와 그림처럼 앉아서 쳐다보고 있었다. 예쁜 그림 엽서에 나올 법한 장면의 부엌에서 따뜻한 저녁식사를 하고 나오며 예쁘고 상냥한 관리 아가씨에게 마음을 담아 고마움의 인사를 했다. 그 아가씨의 배려 아니었으면 호스텔 입구 피크닉 테이블에서 추위에 떨며 저녁을 해 먹었을 것이다.

유스호스텔을 나와 수영장을 지나고 교회를 내려와 빨간 건물의 레스토랑을 지나 사거리 번화가로 들어섰다. 지난여름 노천카페에서 커피를 마시며 햇빛을 즐기던 사람들이 투명 유리창의 실내에 앉아 있는 것만 다를 뿐 여름과는 별반 차이가 없었다. 핫도그를 사먹었던 지점까지 걸어 내려갔다가 마을 언덕으로 오르는 계단을 올라가 마을을 내려다 보았다. 이 도시로 접어드는 길이 나 있는 설산을 배경으로 호수처럼 길게 들어와 있는 피요르드, 커다란 배, 그리고 옹기종기 줄지어 있는 마을의 집과 거리…. 피요르드를 따라 형성된 도시의 독특한 모습이다. 설산과 피요르드, 커다란 배가 마을과 어우러진 사진 속 도시 모습이 매우 비현실적이다.

HAMBORGARAFA BRIKKAN에 또 다시 들러 지난여름에 마셨던 것과 같은 맥주를 주문하고 남편과 마주 앉았다. 그리고 건강한 서로에게, 멋진 계절 겨울에 이곳에 다시 오게 된 것에 감사하며 건배하였다. 사람을 만날 때 첫인상이 강렬하게 남듯, 여행지도 처음 느낌이 강렬하게 남게 마련이다. 두 번째부터는 강렬함 대신 처음에 보이지 않던 것들을 보게 되고 작고 소소한 것들과 더불어 전체를 두루 볼 수 있는 안목과 여유로움이 생긴다. 지금 우린 겨울 아이슬란드를 여행하며 여름 아이슬란드 여행에서 미처 못 보거나 지나쳤던 것들을 보게 되는 재미와 함께 전체를 느긋하고 여유롭게 둘러 보는 재미에 푹 빠져 있다.

'같은 여행지를 왜 또 가지?'
할 수 있으나 그렇지 않음을 보르가네스에서 실감하고, 이곳 아쿠레이리에서 느끼고 있는 중이다. 대화를 나누며 상대방의 내면을 읽듯, 아이슬란드의 겨울 속살을 보며 아이슬란드의 내면을 알아가고 있는 중이다. 지난여름의 강렬한 흔적들을 되새기며 음미하며.

실내 한쪽 벽면의 '336461'를 보며
'저 숫자표시는 뭘까?'
하고 궁금했는데 커다랗게 실시간으로 바뀌는 저 숫자는 현재 시각 아이슬란드 인구수를 나타내는

숫자라고 한다. 산업적으로도 특별한 것이 없고 인구마저도 턱없이 적어 유로존에서는 아예 나라로 인정을 안 해주고 있다는 말이 실감이 난다. 나라 면적 대비 인구수를 우리나라와 비교하면 굉장한 차이가 난다.

Icelandair Hotel 주차장에 정박을 하고 잠시 호텔에 들러 따뜻한 차 한잔을 마시며 쉬다가 잠자리에 들었다.

/ Part 2 /

8시 30분, 빵과 커피, 바나나와 사과 그리고 요플레로 아침 식사를 하였다. 호텔에 들러 우린 커피 끓일 따뜻한 물을 좀 부탁했을 뿐인데 보온병 가득 향이 좋은 커피를 따라준다. 덕분에 우리 여행이 이렇게 따뜻하고 풍요로워진다.

Icelandair Hotel에서 산쪽으로 난 차로로 약 15분, 아쿠레이리 시내에서 바라보이는 설산인, 어제 아쿠레이리 들어올 때 불이 켜져 있어서 스키 슬로프일 거라 짐작했던 스키장으로 스키를 타러 가기로 했다.

간밤에 눈이 내려 노면이 살짝 얼어 조심조심 산길을 올라 스키장 주차장에 올라서자 건너편 설산을 배경으로 구름을 잔뜩 머리에 이고 있는 아쿠레이리 시내가 바라다 보였다. 아쉽게도 레이캬비크에서 비로 인해 타지 못한 스키를 드디어 이곳에서 타게 되나 보다 하고 좋아했는데 리셉션에 알아 보니 12시에야 오픈을 하고 리프트는 오후 1시에야 가동을 시작한단다.

세 시간 정도의 시간 차를 어찌해야 하나 잠시 고민 중에 있는데 마침 차가 한 대 올라와 주차를 하더니 남녀 한 쌍이 내려 Snow Shoes를 착용하였다. 가만히 지켜보다가 다가가 인사를 하였더니 아주 유쾌하게 남자는 벨기에, 여자는 폴란드인이라고 자신들을 소개한다. 한국에서 6개월을 지낸 적이 있다는 남자는 스키를 타러 왔는데 시간 때문에 망설인다는 우리에게 Snow Shoeing 가이드 팜플렛을 건네며 한 번 시도해 보라고 하고는, 자기들도 주변으로 Snow Shoeing을 하러 간다며 스틱을 힘차게 찍으며 마을 밑 계곡 쪽 하얀 눈 세상으로 씩씩하게 발걸음을 내딛는다.

잠시 더 고민하다가 일단은 시내로 다시 내려가기로 했다. 벌써 아까 그 두 남녀는 계곡 쪽 저 멀리까지 내려가 흰 눈 속에서 작은 점처럼 보였다. 아까 오르던 길 중간에 세워져 있던 캠핑카에서도 나이가 제법 있어 보이는 남자 혼자 Snow Shoeing 준비를 마치고 우리 옆을 스쳐 지나갔다. 눈길을 걸어보는 것도 괜찮겠다 싶어

호텔에 비치된 가이드북을 찾아 1시에 Snow Shoeing 예약을 하였다. 장비는 개인 것이 있으면 좋지만 대여가 가능하단다.

마을 가운데 Hope 주차장에 차를 세워 놓고 빵과 커피로 간단히 점심을 먹고 피요르드 주변을 산책하였다. 설산 배경의 마을과 피요르드에 떠 있는 설산 높이가 같게 보이는 커다란 배의 조화가 너무 생뚱맞으면서도 신비롭고 아름다운 풍광을 연출하고 있었다. 소규모이지만 고래 투어 여행사도 보였는데 그래서 그런가 특이한 고래 조형물도 눈에 띄었다. 피요르드 끝자락 둑을 돌아 옷깃을 세우고 다정하게 손을 잡고 천천히 산책하고 있는 백발의 노부부가 풍광과 참 잘 어울린다.

12시 45분경 Hope주차장 입구로 픽업차가 도착했다. 봉고차 문을 열자 직접 차 운전을 하고 온 가이드가 우리에게 인사를 하다가 놀라서 손을 덥석 잡으며 반기워한다. 이럴 수가! 가이드는 바로 우리가 아침에 스키장에서 만났던 그 벨기에 남자다. 불과 몇 시간 전에 처음 본 사람인데도 이렇게 뜻하지 않게 가이드와 손님으로 만나니 옛 친구를 만난 듯 반가워 우리도 호들갑을 떨었다. 40대로 보이는 싱가폴인인 두 명의 여자 일행은 영문을 모른 채 우리의 만남을 지켜보다가 뒤늦게서야 가이드가 아침에 스키장에서 우릴 만난 이야기를 해주며 소개해 주자 덩달아서 반겨 주었다.

차 이동 중에도 운전을 하며 리오라는 이름의 가이드는 우리를 다시 만난 게 신기하고 놀랍다며 마치 어린 아이가 엄마에게 자랑하듯 신이 나서 한참을 이야기했다. 리오는 원래 벨기에 사람인데 1990년에 한국에 6개월 정도 머물렀고 이후 아이슬란드를 여행 왔다가 반해서 이곳에서 결혼을 하고 3개월 된 아들을 키우며 살고 있단다.

스키장 주차장에 차를 세워 놓고 아침에 보았던 똑같은 모습으로 우리도 Snow Shoes를 신고 스틱을 챙기고 Shoeing 준비를 마쳤다. 하늘 가득 구름이 덮여 설산과 마을과 피요르드 계곡이 근사한 영화의 한 장면같이 멋지고 웅장하다. 리오가 맨 앞에 서고 우리, 그리고 싱가폴인 두 여인이 뒤를 이어 눈밭을 걸어 일단은 아래쪽 완만한 경사를 내려갔다. 리오가 간단하게 Snow Shoeing 방법을 알려주기는 했지만 핀란드에서 스노모빌을 타고 눈 숲을 걸을 때 해 본 경험이 있어서 걷기가 수월했다.

연습 삼아 한 바퀴를 돌아오고 난 뒤 이제 본격적으로 계곡 골짜기를 향해 완만하게 오르기 시작하자 눈의 양도 많아지고 설질이 좋아 걸을 때마다 '뽀드득 뽀드득' 소리가 났다. 내가 소리를 흉내 내 '뽀드득 뽀드득'이라고 말하자 리오도 장난기가 발동해 '뽀드득 뽀드득' 따라 해보고는 노래처럼 흥얼거린다. 리오를 바싹 뒤따르는 나와는 달리 두 여인은 오르막이 시작되던 때부터 속도가 느려지며 힘들어하는 기색이 역력하다.

얼굴이 빨개져서 몸의 균형을 잃고 비틀거리다가도 리오가 괜찮냐고 물으면,

"I'm O.K."
를 외치며 열심히 따라온다. 힘은 좀 달릴지언정 열정은 만만치가 않다. 리오는 나에게 엄지 손가락을 치켜 세우고 연신 'Strong Woman'을 외친다.

나의 뒤에 있던 남편은 이제는 두 여인의 느린 걸음에 맞추며 맨 뒤에서 느긋하게 사진에 열중이고, 스위스 그린델발트에서의 스키와 핀란드 로바니에미에서의 스노모빌에 이어 간만에 에너지를 맘껏 발산하는 나는 물 만난 고기처럼 신이 나서 이리저리 뛰어다닌다.

하늘엔 여전히 구름이 잔뜩이다. 그래도 상관없다. 오히려 하늘 문을 닫을 태세로 하늘 끝쪽 저 멀리 가늘고 길게 조금 열려 있는 틈새로 파란 하늘 배경의 흰색, 회색, 검은색의 구름이 정말 멋지다. 설산의 지붕 아래 아쿠레이리 마을과 우리가 걸으며 마주하는 쌍둥이 설산과, 그 사이 계곡, 우리 다섯 사람이 어우러져 있는 모습이 한 폭의 그림이다. 자연과 인간, 혼연일체의 아름다움이다.

뒤따르는 두 여인을 기다리며 잠시 서서 쉬는 사이, 리오는 이곳의 맑은 공기가 기분 좋지 않냐고, 자신의 3개월짜리 아들은 칭얼대다가도 산으로 안고 오면 쿨쿨 편안한 잠을 잔다고 너스레를 떤다. 그렇다. 지난여름, 이곳을 여행하는 내내 겨울 아이슬란드의 이런 모습을 상상하고 꿈꾸었다. 땅과 산과 하늘, 온 세상이 하얀색으로 하나가 된 모습을, 그리고 나도 공기마저도 모두 하나가 되어 결국엔 '무'가 되는 모습을.

산의 고도가 높아질수록 눈은 점점 더 부드러워지고 눈 앞 쌍둥이 산의 실루엣과 그 옆 산의 능선들, 그리고 그 사인 계곡의 원근감이 오직

가는 선으로만 경계가 구분이 된다. 그리고 그 위 역시 같은 색의 하늘. 날씨가 흐려 저 흰색의 하늘 속에 숨겨져 있을 산의 선들을 다 못 보는 것이 못내 아쉽지만 이대로의 모습으로도 참 좋다. 더 먼 곳, 보이지 않는 곳을 갈망하는 내 눈빛을 읽었는지 리오가 저 산 너머에 엄청난 규모의 빙하와 계곡이 있노라고, 빙하 앞의 산까지 트레킹하는 중간에 7~8명이 잘 수 있는 부엌이 달려 있는 오두막이 하나 있어서 언제든 이용이 가능하고 여름에는 물론 눈이 많지 않은 겨울에도 쉽게 오를 수 있어서 트레킹 코스로 인기가 있는 비교적 낮은 산이니 담에 오면 꼭 도전해 보라고 일러 준다. 지난여름, 스코가포스 위쪽을 두 시간 정도 하이킹을 하고 내려 오며 너무 짧아 참 아쉬워했는데 기회가 된다면 리오 말처럼 산 위까지 올라가 가까이에서 빙하를 보고 싶다.

리오가 브레이크 타임을 외치며 배낭에서 보온병에 담긴 따끈한 생강차와 도너츠, 사과를 눈밭에 내놓았다. 아내가 끓여주었다는 생강차에 달달한 아이슬란드 꽈배기 도너츠를 먹으며 그대로 눈밭에 드러누워 보는 하늘과 흰 세상이 참으로 멋지다. 오늘의 하늘은 회색, 진회색, 흰색, 푸른색, 먹색…, 온갖 무채색을 다 가지고 있다. 리오의 붉은 모자와 자켓, 그리고 세상의 온갖 색을 다 가지고 있는 내 스키 자켓이 그 속에서 유난히 튄다. 존재감을 확실히 드러내며.

따끈하고 달달한 간식에, 리오의 따뜻한 배려가 전해져서 우리 일행 모두 즐거워한다. 눈길을 따라오느라 몸이 지친 두 여인도 아주 행복한 얼굴이다. 온통 흰 눈을 배경으로 우리가 뽀뽀 인증샷을 부탁하자,

"와우!"
모두 야유 아닌 부러움의 감탄사를 날린다.

해가 기울고 있어서 가던 길을 되돌아 스키하우스로 내려왔다. 우리가 Snow Shoeing을 시작할 때처럼 하늘은 아쿠레이리 쪽을 향해서 뚜껑을 열듯 조금만 열고는 끝내 더 열지 않은 채 이제 곧 문 닫을 준비를 하고 있었다.

다행히도 비도 눈도 바람도 없어서 안전하게 다녀왔고, 하늘은 끝끝내 완벽한 무채색으로 웅장한 원시적인 자연의 모습을 연출해 주었다. 아쿠레이리로 돌아와 Hope주차장에 우릴 내려 주고 그들은 떠났다. 멋진 인연, 멋진 하루였다.

저녁은 남은 밥에 된장찌개를 끓여서 먹고 어제 갔던 수영장에 가서 따끈하게 온천을 하였다. 오랜만의 적당한 운동 후의 따뜻한 목욕이 피로를 말끔히 씻어 주어 상쾌했다. 호텔로비에 들러 스크류드라이버를 한잔하였다. 무사하고 행복하게 끝나는 오늘 하루에 무한한 감사를 하며 캠핑을 늘 함께하는 봉평 아트인 아일랜드 식구들과 이런 여행을 함께할 날을 꿈꾸며 잠자리에 들었다.

chapter

2월 7일

캠핑카로 떠나는
겨울 아이슬란드

8 달빅

아침 8시 30분에 눈을 떠, 라면을 끓여 먹고 호텔에서 보온병 하나 가득 얻어온 모닝 커피를 마시며 하루를 시작하였다. 밤새 바람이 불고 비가 온 뒤끝이라 날씨는 아주 맑고 쾌청하여 어제 구름에 가려져 보이지 않던 설산 자락들이 저 멀리 겹겹이 선명하게 보인다.

주유도 하고 밥 지을 가스도 보충한 후 달빅으로 출발하였다. 아쿠레이리에서 시작되는 피요르드가 달빅을 지나서 Siglufjordur까지 이어지다가 끝나는 지점까지 가보기로 했다. 아쿠레이리에서부터 끝도 없이 이어지는 피요르드를 사이에 두고 마주하는 설산의 풍광이 드문드문 나타나는 그림 같은 집과 어우러져 한 폭의 그림을 연출한다. '형언할 수 없다'는 표현을 이럴 때 써야 하나 보다.

맑은 하늘과 구름과 상쾌한 공기, 좌우로 펼쳐지는 설산의 원근감과 웅장하고 거대하고 시원스럽게 트여 있는 풍광이 멋져서 가끔씩 차를 세우고 사진에 담는다. 김광석의 노래는 어찌 그리 이 분위기와 잘 어울리는지. 공연 실황의 노래와 그 사이사이 섞여진 어눌한 그의 말투가 매력적이다. 오히려 라이브가 음반의 노래 실력을 훌쩍 뛰어넘는 노래 잘하는 가수.

낯선 이국 땅에서 마주치는 자연의 아름다움과 괜스레 저 밑바닥에서 고개 내미는 옅은 고독과 아주 잘 어울리는 노래가사. 여름 여행할 때는 음악을 들을 겨를이 없었는데 이제 제법 여유로운 마음으로 가사를 음미하며, 그의 짧은 생애를 아쉬워하며 듣고 또 듣는다. 마흔에 오토바이를 타고 60엔 가슴 설레는 연애를 하고 싶다고 말하던 그. 불과 32세에 이 세상을 떠나게 될 줄 그는 알았을까? 인생은 정말 알다가도 모를 일이다.

달빅으로 접어드는 길목의 피요르드와 설산 풍경 사진을 찍기 위해 잠시 쉼터에서 계란을 삶아 따끈한 커피와 함께 먹었다. 길거리 여행의 편안함이 제법 몸에 배었다. 덕분에 자유로운 영혼을 흉내라도 낼 수 있을까? 어찌됐건 몸과 마음이 자유롭고 편안해서 좋다.

달빅은 조그마하고 조용한 마을이다. 마침 맑은 하늘 구름 사이로 내민 환한 햇살을 받아 예쁘게 빛난다. 피요르드 끝자락에 정박해 있는 크고 작은 배들과 설산을 배경으로 한 예쁜 색깔의 집들의 그림 같은 마을 풍경을 남편은 쪼그리고 앉아 열심히 카메라에 담는다.

그 사이, 나는 하늘과 구름의 색깔 조합의 신비로움을 감상하며 군데군데 얕은 언덕처럼 쌓아 놓은 눈 더미에 올라 제방 둑 너머의 수평선과 설산을 병풍처럼 배경으로 하여 길게 펼쳐진 피오르드 해안가와 마주섰다. 좀 전에 내 옆을 스쳐 지나던 검은 색 옷을 입은 남자 하나가 저 멀리 점처럼 보일 뿐 해안은 텅 비어 있다. 돌로 쌓은 제방 둑을 내려서자 금방 얕은 파도가 훑고 지나간 물기 머금은 모래사장의 단단함이 느껴진다.

남자가 걸어간 쪽으로 조심조심 걷다가 순간 뒤돌아보니 남편이 사진을 찍고 있던 설산과 마을 모습이 그대로 해안가 모래사장에 거울처럼 투영되어 장관을 이룬다. 뜻하지 않은 풍경에 잠시 흥분하여 두 팔 벌려 뛰어다녔다. 우유니 사막이 이렇던가? 상쾌한 바닷바람과 흔치 않은 풍광에 얼얼해진 채 달빅에서 조금 더 가보기로 했다.

Siglufjordur 피요르드를 향해 달리는 동안 좀 전 해안가 모래사장에 멋지게 투영되던 설산이 계속 따라온다. 바다를 가운데 두고 설산과 마주하며 달리고 있는 중간에 3km One way, 7km, 4km 2 way 터널이 연이어 나와 One way를 통과할 때는 가끔 있는 대피공간에 서서 마주 오는 차량이 지나가길 기다려 줘야 했다. 세 개의 긴 터널 덕분에 큰 설산을 세 개나 관통한 셈이다.

그리고 만난 Siglufjordur 피요르드. 피요르드의 끝자락 마을은 달빅 만큼의 규모에 아주 조용하고 예쁜 마을이다. 마을 초입 피요르드와 맞닿은 부둣가 Siglo Hotel은 규모가 제법 크고 오래된 호텔로 삼면이 피요르드를 향해 열려 있었다. 호텔 뒤쪽 편에서 마을 사진을 찍고 피요르드가 끝나는 지점까지 가보았다. 빨간 지붕의 교회와 은행, 마켓, 우체국, 관공서…, 조그마하지만 있을 건 다 있는 설산 밑 자락에 예쁘게 줄지어 들어선 집들이 그림같이 아름다운, 너무 조용해서 비현실적인 마을을 뒤로 하고 돌아오는 경치도 참으로 아름다웠다.

같은 산을 오를 때와 내려올 때 보는 풍광이 다른 것처럼 갔던 길을 그대로 되돌아 올 때의 풍광이 아주 새롭다. 절벽 위로 난 해안가 도로는 그냥 드라이브만으로도 훌륭했다. 저녁 무렵 아쿠레이리 호텔로 돌아와 주차하고 시내로 내려와 Backpacker Hostel 식당에서 간단하게 저녁을 먹었다.

chapter

2월 8일~9일

캠핑카로 떠나는
겨울 아이슬란드

9. 미바튼

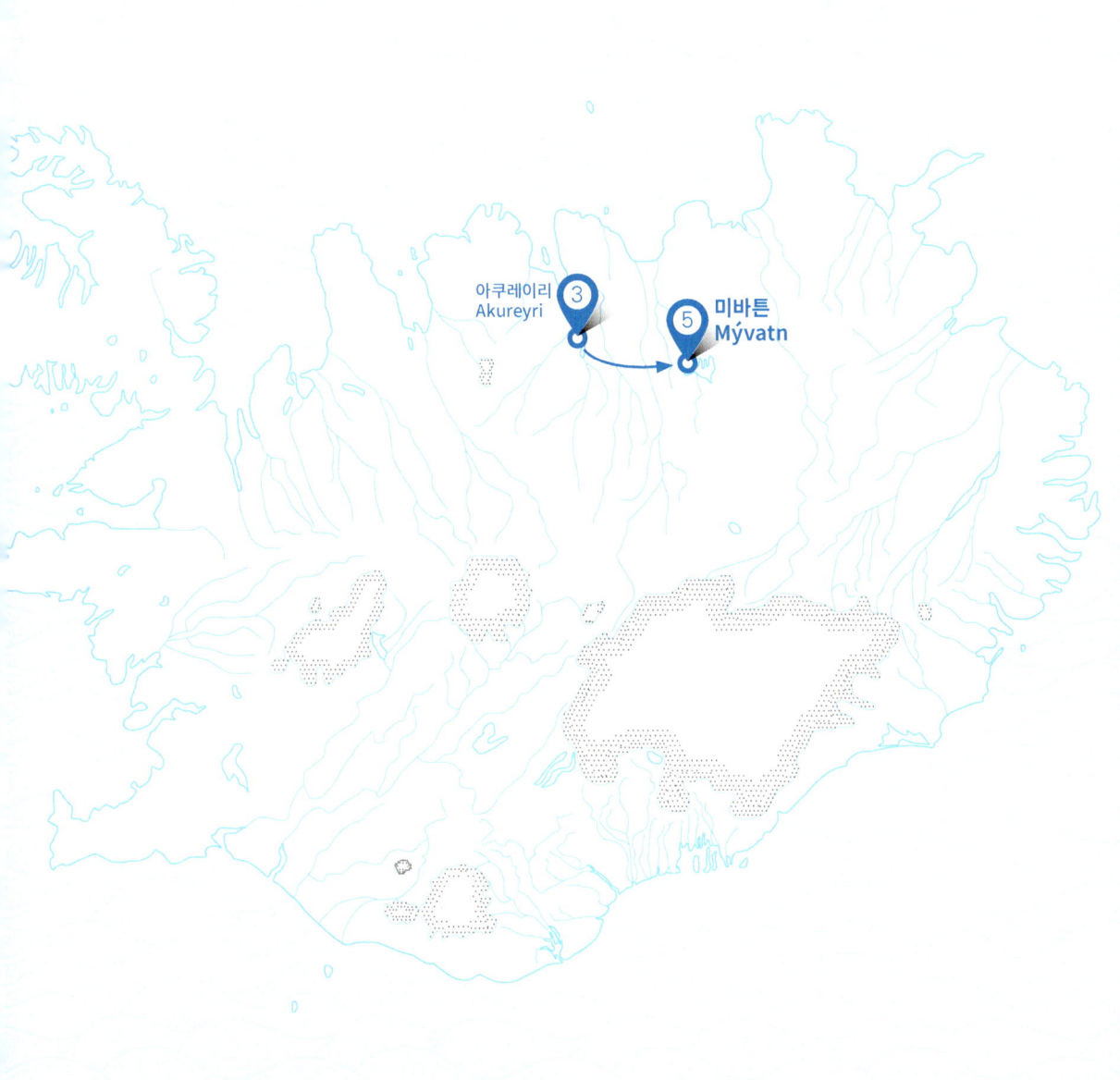

/ Part 1 /

아침 8시, 호텔에 들러 간단히 세면을 하고 바로 미바튼을 향해 출발했다. 오늘도 호텔에서 따끈하고 맛있는 커피를 보온병 한 가득 선물 받아서. 지난여름 이곳에 들어왔던 반대 방향으로 피요르드 다리를 건너 시내가 보이는 언덕 차로에 올라서자 이제 늦잠에서 깨어나고 있는 아쿠레이리가 건너다 보였다. 스키스테이션과 Snow Shoeing을 하며 걸었던 계곡….

떠나기가 아쉬워 아쿠레이리가 정면으로 바라보이는 쉼터에 정차해 식빵에 잼, 요플레, 과일, 그리고 커피를 곁들여 아침 식사를 했다. 그 사이 하얀 설산 위로 아침 햇살이 올라와 살그머니 황금색 띠를 둘러 준다. 방금 전까지만 해도 무채색이었는데, 빛의 숨결이 닿는 곳마다 세상이 화사하게 깨어난다. 빛과 조화를 이루며 순간순간 끊임없이 변화하는 자연의 모습은 언제 보아도 아름답다.

수많은 인연과 관계 속에서 셀 수 없이 많은 사연을 만들어내며 살아가는 우리 인생도 이렇게 아름답겠지. 살아있는 매 순간이 소중하고 아름답거늘, '삶'은 아름답다! 영원 속 어떤 순간의 인연으로 우린 또 아쿠레이리와 만날 수 있을까?

아스라이 멀어지는 아쿠레이리와 피요르드를 뒤로 하고 1번 도로를 타고 내륙으로 들어섰다. 끝없이 이어지는 무채색 설산의 음영과 기가 막히게 잘 어우러지는 김광석의 노래에 빠져 금방 아쿠레이리와 헤어지며 가졌던 아쉬운 마음을 내려 놓는다.

조그마한 얼음호수 위 설산의 반영이 멋져서 사진을 찍으려고 차를 세웠는데 지나던 한 쌍의 커플도 차를 세우고 들어와 얼음 호수 위를 거닐며 장난을 친다. 그들의 행복한 웃음 소리가 새벽녘 새들의 지저귐처럼 듣기 좋다.

언덕길 뷰포인트에서 계란을 넣어 라면을 삶아 간식을 먹고 있는데

"빵~"
소리가 울려 깜짝 놀라 돌아보았다.

막히게 잘 어우러지는 김광석의 노래에 빠져 금방 아쿠레이리와 헤어지며 가졌던 아쉬운 마음을 내려놓는다.

조그마한 얼음호수 위 설산의 반영이 멋져서 사진을 찍으려고 차를 세웠는데 지나던 한 쌍의 커플도 차를 세우고 들어와 얼음 호수 위를 거닐며 장난을 친다. 그들의 행복한 웃음 소리가 새벽녘 새들의 지저귐처럼 듣기 좋다.

언덕길 뷰포인트에서 계란을 넣어 라면을 삶아 간식을 먹고 있는데

"빵~"
소리가 울려 깜짝 놀라 돌아보았다.

'go iceland'라고 쓰인 우리와 똑같은 캠퍼카가 반갑게 손 인사를 하며 지나간다. 뒤늦게 우리도 반갑게 넘쳐나는 손 인사를 건넸다.

Godafoss로 접어들자 바닥이 얼어 있어 운전하기가 조심스럽고 강풍이 불어 차의 흔들림이 심해졌다. 어제 아쿠레이리 Backpacker Hostel Bar 게시판에

'내일 오전 7시부터 15시까지 허리케인 주의보가 있으니 여행객들은 각별히 조심하라.'

는 내용의 안내문이 생각났다. 조심해야지 했는데도 차에서 내리자마자 미끄러져 엉덩방아를 찧고 나자 덜컥 겁이 났다. 무서운 힘으로 나를 자꾸 뒤로 밀어내는 바람과 맞짱뜨며 비틀걸음으로 겨우 폭포 앞까지 가긴 했는데 여전히 기세 좋게 쏟아지는 폭포를 보자 허걱 하고 주저앉고 말았다.

순간 방심했다가 바람에 날려 저 폭포 아래로 떨어지면 어쩌나 겁쟁이가 되어서 오도가도 못하고 있는데 내 뒤를 따르던 두 여자 중 한 명이 얼음에 미끄러져 엉덩방아를 찧더니 버둥거릴 뿐 일어나질 못한다. 안됐어서 거의 기다시피 다가가 손을 내밀어 일어나는 것을 도와주자 간신히 일어서서는 겁에 질린 채 폭포에 다가오지 못하고 그 자리에 선 채 사진만 찍고는 되돌아 나갔다. 지난여름에 이곳을 지날 때는 폭포 물줄기가 햇살에 하얗게 부서져 참 예쁜 폭포구나 생각했는데 오늘은 바람에 날씨마저 흐려 음산하기 이를 데가 없다.

숨을 쉴 수조차 없는 바람을 맞으며 겨우 사진을 몇 장 찍고 돌아 나와 폭포 입구의 주유소 겸 카페에 들렀다. 바람을 피해 들어와 차를 마시는 사람들 틈에 고다포스의 맞은편 전망대를 가야 할지 말아야 할지 망설이는 사람도 몇몇 보였다. 바람이 심하니 우리도 가지 말자 해놓고도 나는 마당에 나와서 맞은편 폭포로 난 길을 살살 걸어보았다. 창문 너머로 지켜만 보는 사람들 속에서 남편은 위험하니 그만 가라고 소리쳤지만 못 들은 척하고 얼어 있는 도로를 피해 도로 옆 누런 잔디 위의 눈을 밟으며 계속 걸었다. 할 수 없어 뒤따라온 남편과 손을 꼭 붙잡고 겨우겨우 맞은편 전망대에 다다랐다.

말리는 남편에도 불구하고 내가 앞장서서 여기까지 와 놓고는 막상 전망대 난간에 서서 바람에 날아갈 듯 사진을 찍는 남편 모습이 위태로워 보여 얼른 가자고 손을 잡아 끌었다. 순간적으로 바람에 날리면 저 어마어마한 폭포 속으로 사라질 것 같아 무서웠다. 맞은편보다는 좀 더 높은 위치에서 폭포 전체를 전망할 수 있었지만 폭포 경치는 반대쪽이 더 멋진 것 같다.

되돌아 나와 기념품 점 앞마당에 있는 노상 주유소에서 주유를 하고 떠나기로 했다. 내가 화장실을 다녀오는 사이 주유 후 결제방법을 알기 위해 카페에 다녀오던 남편이 심한 바람에 떠밀려 날아가고 있는 게 보였다. 바닥은 완전 얼음판인데 맞바람이 부니 중심을 잡지 못한 상태에서 뒤로 밀려가고 있는 것이었다. 자칫 다칠 수 있는 위험한 상황인데도 저 큰 덩치가 바람에 날리며 쩔쩔 매는 것이 우스워서 혼자 웃지 않을 수가 없었다. 지난 겨울, 히말라야 아일랜드피크 6,200m등정 마지막 날 불었던 바람과 비교될 만큼의 엄청난 바람이었다. 10kg의 배낭을 짊어진 몸이 일어서서 걸을 수 없을 정도로 휘청대게 바람이 불어 날아갈까 무서웠었다.

정말 간신히 주유를 하고 미바튼을 향해 출발했다. 미바튼으로 접어들자 초입의 호수 주변 풍경이 장관을 이루었다. 하늘의 구름과 설산을 배경으로 하얗게 얼어 있는 너른 호수에 당장 마음이 빼앗겼지만 바람이 심하게 불고 날이 어두워지기 시작하여 미바튼 블루라군으로 먼저 들어왔다. 지난여름 여행에서 잠시 곁을 스치기만 했던, 그래서 내가 살짝 삐져서 돌아갔던 곳이다.

"거봐, 내가 다시 데려올 거라고 했잖아."

남편은 약속을 지켜 주었다며 큰소리친다. 레이캬비크 블루라군보다 규모는 작지만 물도 좋고 예쁜 곳이라 기대를 하고 왔는데 차에서 목욕용품을 준비해서 뒤따라 들어온 내게 남편은 오늘은 온천이 어려울 것 같단다. 허리케인 영향으로 바람이 심하게 불어 물의 온도가 평소보다 10℃ 이상 낮아 썩 좋은 상태는 아니니 30% DC된 가격으로 오늘 온천을 하던가, 아님 내일 다시 오던가 선택을 해야 했다.

하루 종일 바람을 맞아 따뜻한 온천욕으로 몸을
녹이고 싶은 마음이 굴뚝 같았지만 바람에
파도처럼 물결이 이는 온천을 보고는 아쉬운
마음을 접었다. 대신 오늘 오로라 지수가 보통은
되니 아이슬란드에 온 후 처음으로 오로라 헌팅을
해보기로 했다.

이곳에 왔지만 우리와 같은 이유로 라운지에 잠시
머물다 떠나는 사람, 일정상 그냥 온천을 하는

사람들 틈에서 잠시 쉬다가 온천장 밖으로 나와 카메라 세팅을 하고 하늘을 올려다보았다. 다행히 바람도 조금 잦아들고 하늘에 별들이 총총하고 날씨는 맑은데 얄궂게도 정월 대보름을 3일 앞둔 달이 너무 밝아 야속하다. 오로라 헌팅의 조건으로 치자면 보름이 되었다가 다시 달이 기울 때까지 며칠은 오로라 보기는 힘들 듯하다. 혹시나 하고 더 기다려보기로 했다. 그나마 날씨가 춥지 않아 몇 시간이라도 지켜볼 수는 있겠는데….

라운지 안의 직원들도 마감 정리를 시작하고, 온천을 마친 손님들도 하나 둘 돌아가자 주변이 조용해지더니 우리만 남게 되었다. 아까부터 나던 꿀렁꿀렁 소리가 더 크게 들려서 궁금해서 확인해 보니 온천탕 옆의 천연 열탕이 끓는 소리였다. 100℃의 열탕을 탱크에 받아 38℃로 식혀서 온천 물로 쓰는 모양이었다. 탱크 물 끓는 소리가 무시무시하다. 10시 40분경, 우린 결국 카메라를 접고 오히려 더 휘황찬란해지는 달빛을 원망하며 미바튼 블루라군 주차장 캠퍼밴으로 돌아왔다. 1차 오로라 헌팅 실패!

/ Part 2 /

밤새도록 비바람이 거세게 불어 차가 심하게 흔들리는 바람에 몇 번이나 잠에서 깨었다. 혹시 허리케인에 차가 날라가는 건 아닐까 두렵기도 했다. 잠자리에 들 때는 분명히 달빛이 밝은 고요하고 맑은 날씨였는데…. 기온은 3~4℃정도, 아침까지도 비가 추적추적 내리고 있었다.

기온이 영하였으면 비 대신 눈이 내렸겠지. 요 며칠 하루도 빠짐없이 내리는 비가 아이슬란드의 한겨울에 모두 눈으로 내리고 바람까지 심하게 불면 얼마나 추울까?

아침은 Sel Hotel에서 커피를 사다가(보온병 한 가득 약 4천원) 빵과 과일, 요플레와 함께 먹고 호텔 길 건너 미바튼 호수로 난 트레일 코스 Stutustafagigar를 따라 1시간 30분 정도 산책을 했다. 주변에 크고 작은 오름처럼 생긴 7~8개의 분화구가 산재해 있는 호수는 하얗게 얼어 저 멀리 건너편 뾰족한 설산의 음영을 그대로 반영하고 있었다. 트레일의 끝쪽 언덕에 올라서자 너른 호수가 한눈에 들어왔다. 새벽까지 차가 날아갈 것 같던 바람은 모두 어디로 사라졌을까?

하늘 끝까지 무겁게 가라앉은 구름과 물결 하나 일지 않는 호수면, 새 숨소리도 들리지 않는 이 고요함은 또 무엇에 비유해야 할까? 문득 오래 전에 본 프랑스 영화 '시벨의 일요일'의 배경이 되었던 신비로운 호수가 떠올랐다.

트레일 중간중간이 얼어 있어 살짝 미끄러워 잔디밭 쪽을 걸었는데 풀밭은 온통 양들의 똥으로 덮여 있다. '이놈들 지난여름 내내 얼굴도 한 번 안 들고 풀밭에 머리 묻고 먹기만 하더니 똥을 잔뜩 쌌군.' 눈비에, 햇빛에 녹아 그것들은 다시 초원을 푸르게 살찌우고 그들의 맛난 먹이가 되겠지. 그것이 자연이거늘, 어쨌든 본의 아니게 양들의 놀이터에 잠시 신세를 졌다.

Stripar로 이동해서 Klasar trail 500 meters 용암을 둘러보았다. 야트막하고 조그마한 호수 군데 군데에 용암이 마치 돌기둥처럼 솟아 있다. 호수 주변 트레일을 따라 초록이끼가 꽃처럼 무더기무더기 예쁘게 피어있는 길 끝 야트막한 언덕에 올랐다가 내려왔다. 이어서 길 건너 검은 돌무더기 화산 언덕 Birtingatjorn에 올라 방금 거닐었던 호수 주변을 조망하였다. 놀랍게도 차도를 사이에 두고 연두색 이끼의 호수 주변과 내가 지금 서 있는 황량한 무채색의 이곳은 완전 다른 세상이다. 금방 화산 폭발이 일어나 땅이 쩍쩍 갈라지고 검은 돌이 날아들어 돌무더기 언덕을 만든 것 같다.

Dimmuborgir의 라바 화산지대는 크고 작은 돌무더기가 산재해 있고 두더지가 땅굴을 파 놓은 듯 갈라진 땅이 미로처럼 얽혀 있었다. 그중 조그마한 동산 입구에서 계단을 몇 개 올라가 13명의 아이슬란드 산타 Yule lads가 살고 있다는 동굴을 구경하였다. 자연인 산타들이 살던 곳답게 좀 누추하면서도 자연스러워 순진한 동심의 눈으로 보면 산타의 존재를 믿고도 남을 만한 모습을 하고 있었다. 그들이 외출했다 돌아오며,

"주인이 없는 집에 누가 왔소?"

하고 놀라는 모습으로 우리를 맞을 것만 같았다.

아이슬란드 국민의 62%가 엘프의 존재를 믿는다고 한다. 엘프란, 선택받은 사람을 제외한 대다수의 눈에는 보이지 않는, 엄지손가락보다 작은 난쟁이 요정이다. 몇 해 전 레이캬비크 지역 시민들이 도로공사에 반대하여 대규모 시위를 벌인 일이 있다고 한다. 해당 도로가 엘프의 보금자리로 알려진 한 바위를 통과하는 것으로 설계됐기 때문이다.

"엘프들을 괴롭히지 않도록 조심해요!"

"엘프의 공간을 성가시게 하면 무시무시한 주문을 건다고요!"

결국, 법정 공방 끝에 공사업체는 엘프가 살고 있다고 알려진 바위를 그대로 다른 곳으로 옮기고 공사를 재개했다고 한다. 시민들이 엘프의 보금자리를 끝까지 지켜낸 것이다. 아무것도 없는 평지에 우회도로를 만든 것도 사고가 많이 나는 장소에는 엘프가 산다고 믿어서라고 한다. 아이슬란드 국민들의 자연을 대하는 태도를 엿볼 수 있음과 동시에 그들이 얼마나 순수하고 귀여운 민족인지를 알 수 있는 일화들이다. 덕분에 나도 산타와 엘프를 만날 것 같은 어린아이의 마음을 잠시 가져보았다.

Hverir 분화구가 한눈에 들어오는 전망 좋은 주차장으로 돌아와 라면에 계란을 넣고 삶아 간식으로 먹고 분화구 입구를 찾아 들어갔다. 입구 좌측 1km 거리에 주차장 표시가 되어 있었지만 분화구에서 되돌아 걸어나오는 한 여인이 도로에 물이 많아 갈 수 없으니 차는 여기 주차해 두고 걸어가라고 일러 주었다. 그냥 차로 끝까지 주차장까지 가보자는 내 의견에 맞서, 입구에 주차해 놓고 가자는 남편과 옥신각신하다 차를 중간에 주차해 두고 걸어가기로 했다.

해가 기울기 시작했기 때문에 분화구 위까지 올라가 보려던 계획에 차질이 생길까 싶어 분화구 오르는 길이 시작되는 입구까지 부지런히 걸었지만 경사진 분화구에서 녹아 흐르는 눈물이 도로에 흥건하고 질퍽거려 속도를 낼 수가 없었다. 중간쯤 도로는 아예 큰 물 웅덩이가 되어 SUV차 아니면 일반 승용차로는 진입이 불가능했다. 차체가 높은 차들도 이곳을 지날 때는 수영을 하다시피 했다. 흥건한 물을 피하고 녹아 질퍽거리는 눈을 피해 최대한 분화구의 경사면에 바짝 올라 붙어 걷고 있다가 우리와 반대 방향에서 남자를 태운 말 한 마리와 마주쳤다. 전혀 뜻밖의 교통수단에 어안이 벙벙한 것도 잠깐, 여긴 아이슬란드니까. 하하.

분화구를 오르는 진입로에 들어서서야 정상으로 오르는 길이 사선으로 나 있음을 알았다. 이 분화구가 높고 규모가 커서 어떻게 올라야 하나 걱정을 했는데 완만하게 사선으로 나 있는 길을 보자 안심이 되었다. 어제 미바튼으로 들어 설 때 미바튼 호수 주변과 함께 제일 먼저 눈에 들어오던 큰 규모의 검은색 분화구를 이렇게 사선으로 천천히 오르니 가파르지 않고 쉽게 오를 수 있었다.

해가 거의 기운 흐린 하늘에 비까지 살짝 내리고 오르는 길과 주변이 온통 검은색이어서 태초의 어딘가를 걷고 있는 묘한 분위기가 느껴졌다. 30여 분 더 오른 끝에 드디어 분화구 정상! 양쪽 높낮이가 다른 타원형의 분화구는 검은 바탕색에 녹다 만 흰 눈의 줄이 나 있어서 마치 커다란 나팔꽃 같았다. 내려다보이는 분화구 중앙에는 두 개의 조그만 호수가 있는데 하나는 투명한 물색, 바로 인접해 있는 다른 호수는 에메랄드 색이어서 신기하였다.

아까 분화구 오름 진입로로 걸어 들어올 때 점처럼 보이던 사람들 다섯이 이제 막 분화구 둘레길 높은 쪽에서 우리가 있는 쪽으로 내려오고 있었다.

"우리도 분화구 둘레길 돌고 가자."

해가 지고 있어 시간이 부족하다는 걸 알면서도 이렇게 말해 놓고는 그냥 가기가 아쉬워 300여 미터를 나 혼자 잠깐 다녀왔다. 끝없는 평지에 느닷없이 불쑥 솟은 오름도 그렇지만 그 위를 점처럼 걷고 있던 사람들의 비현실적인 실루엣이 머릿속에 자꾸만 맴맴 돈다.

아쉬움을 뒤로 하고 내려오는 길에 본 미바튼 호수 전경 또한 멋지다. 눈이 많이 오면 이 분화구가 흰 눈으로 덮일까 아님 그냥 이대로 검은색으로 남아 있을까? 주변의 크고 작은 오름들은 모두 하얀 눈에 덮여 있는데 이 오름만 검은색이어서 참으로 궁금하였다.

다시 미바튼 블루라군으로 돌아와 저녁을 간단히 먹고 온천을 하였다. 비가 살짝 내리고 있지만 어제 불던 바람이 싹 사라지고 물 온도도 38℃로 적당하다. 온천탕은 둘로 나뉘어져 있고 들어오는 입구 오른쪽에 조그마한 열탕, 샤워장 옆에 습식 사우나실이 있었다. 블루라군과 같은 색의 물색도 예뻤지만 규모가 작고 사람들도 붐비지 않아 북해도의 아담한 온천같은 가족적인 분위기라 더 정겨웠다. 무엇보다도 시끌벅적 상업적인 분위기가 아니어서 천천히 여유 있고 편안하게 오랜 시간을 즐길 수 있었다.

낮의 푸른 색을 보지 못해 아쉬웠지만 5시 30분부터 7시 30분까지 거의 두 시간을 실컷 놀면서 쉬고 나왔다. 그 동안의 여독이 다 풀린 듯 개운하였다. 내일 시간 여유가 있으면 다시 들르기로 하고 Sel Hotel로 돌아와 호텔라운지에서 맥주 한잔하며 늦은 밤까지 노닥노닥거렸다. 근사한 호텔에서의 이런 호사스런 사치와 호텔 주차장 캠퍼밴에서의 길거리 숙박의 묘한 조화, 그래서 오늘도 행복하였다.

2월 10일

chapter

캠핑카로 떠나는
겨울 아이슬란드

10
데티포스

아침에 맞이한 눈 세상!

눈을 뜨니 아직 어둑어둑한 시간, 남편은 밤새 눈이 와 새하얘진 눈길을 달려 데티포스로 향하고 있는 중이었다. 침낭에 엎드려 아직 잠이 덜 깬 채 빼꼼히 얼굴만 내밀고 운전하고 있는 남편의 어깨너머로 이제 막 떠오르는 햇살과 눈부시게 하얀 설경을 보자 눈이 번쩍 뜨여 나도 모르게 환호했다. 드디어 여름 여행 내내 상상하던 아이슬란드의 진짜 겨울 모습을 보게 된 것이다. 남편은 하얀 눈 지평선 위로 떠오르는 일출이 멋있었다며 사진을 보여준다.

제설차가 다져 놓은 주차장에 주차를 하고 호텔에서 받아 온 모닝커피를 곁들여 간단히 아침을 먹고 데티포스로 향해 출발했다. 하늘의 푸른색을 제외하곤 온통 하얀색 세상이어서 어디가 시작이고 어디가 끝인지 모를 참으로 신비스러운 공간에 와 있는 듯한 느낌이 들었다. 순백의 눈과 맞닿은 지평선, 햇살에 반짝이는 눈의 결정체 하나하나가 너무도 아름다워서 숨을 쉴 수가 없었다.

이곳으로 들어오는 도로도 우리가 처음 눈길을 헤치고 왔듯, 데티포스 가는 길도 우리가 신설을 밟았다. 이정표를 보며 조심조심 눈길을 걷고 있는 우리에게 아까 입구에서 보았던 여자 관리인이 뒤따라와 데티포스로 바로 가는 길이 가깝긴 하지만 셀포스를 먼저 다녀오는 길에 데티포스를 들르는 게 나을 거라고 일러준다. 데티포스 가는 중간에 눈녹은 물웅덩이가 있어 건널 수가 없기 때문이란다. 할 수 없이 셀포스로 먼저 향했다. 여름에 데티포스의 위용에 놀라고 셀포스의 아기자기함에 마음이 확 끌렸었는데 막상 셀포스를 가보니 여름과는 느낌이 달랐다. 그도 그럴 것이 셀포스는 864번 도로로 들어와 보는 맛이 제격인데 지금의 각도에서는 그 모습을 제대로 볼 수 없기 때문이다.

아쉬움을 뒤로 하고 데티포스로 향했다. 역시나 100m의 폭에 초당 50만 톤의 물을 쏟아내는 유럽 최대의 폭포답게 소리부터 우렁차다. 주변의 하얀 설경에 아랑곳 하지 않고 여전히 흙탕물을

거대하게 쏟아내고 있는 폭포의 위용에 할
말을 잃었다. 마침 물보라와 햇빛의 합작품인
쌍무지개가 그림인 듯 폭포 이쪽과 저 쪽 사이를
연결해 준다. 쿵쾅거리며 흘러가는 물길 위
낭떠러지에 아찔하게 서서 지난여름 우리가 서서
이곳을 바라보았던 맞은편 쪽을 새로운 감회로
바라보았다. 폭포를 가장 잘 볼 수 있는 전망대에
올라도 역시나 낙차의 위용과 폭포의 웅장함은 864번
도로 진입로 쪽에서 보는 것이 훨씬 더 근사하다.

폭포와 90° 직각으로 떨어지는 낭떠러지에 가뜩이나 좁은 눈길이어서 조심조심 발을 디디며 폭포 위쪽까지 조금 올라가 사진을 찍고 돌아 나오다가 아까 셀포스 가는 길에 우리 뒤를 따르던 한국인 커플을 만났다. 옷이며 신발이 이곳에 오기에는 조금 허술해 보여 의아해서 물어보니 신혼여행 중이란다. 그냥 무작정 아무 생각없이 이렇게 긴 시간이 아니면 이곳을 언제 와 볼지 모르겠어서 왔는데 오길 참 잘 했다며 아이들처럼 좋아라 한다. 그들의 용기가 참 멋지다.

물웅덩이를 피해 셀포스 가던 길까지 다시 가서 되돌아 나와 주차장에서 간단히 요기를 하였다. 아침 일찍 서두른 덕분에 아무도 가지 않은 눈길을 헤치며 멋진 구경을 한 자의 뿌듯함이 가슴 가득 차오른다. 이곳은 이제야 들어오는 차량이 많아지고 사람들로 시끌벅적하다. 들어오는 길도 예뻤는데 나가는 길의 설경은 더 멋지다. 끝없이 펼쳐지는 하얀 들판과 크고 작은 설산들, 이 모든 것들이 눈에 덮여 맑은 햇살에 눈부시다.

추울까, 눈이 많이 올까, 걱정했었는데 오히려 연일 계속되는 비바람과 4~5℃를 넘는 따뜻한 날씨에 의아했었다. 어젯밤 내린 함박눈이 어찌나 고마운지, 아님 눈구경도 못 하고 갈 뻔했다. 이곳의 하루하루가 순간순간이 우리에겐 모두 소중하고 고마운 선물이지만 특히 오늘 데티포스 오가는 길의 설경은 최고의 멋진 선물이었다.

지열발전소인 Krafla 발전소에 잠시 들렀다가 Hverir 분화구로 향했다. 여름에 왔을 때는 도로를 사이에 두고 오른쪽은 초록산 왼쪽 분화구쪽은 황량함 그 자체였는데 어제 내린 눈으로 모두 하얀 세상으로 통일이 되어 있다. 양쪽을 구분하는 유연한 S자 곡선 도로의 몸맵시가 매력적이다. 입구에 들어서자 굴뚝에선 여전히 기차 지나는 소리를 내며 연기가 펑펑 솟고 땅에서는 여기저기서 불뚝불뚝 팥죽이 끓고 있었다.

호텔로 돌아오는 길에 미바튼 블루라군에 잠시 들러 온천의 푸른색을 잠깐 보고, 어젯밤 남겨 놓았던 미바튼 호수 링로드를 마저 돌았다. 세상에! 같은 장소인데 하룻밤 사이에 이렇게 풍광이 달라지다니. 어제 올랐던 Hverir 분화구는 호수 저 멀리 온통 하얀 눈에 덮여 있어 전혀 다른 모습을 하고 있었다. 시커먼 화산재로 덮인 검은 산이라 눈이 많이 오면 이 분화구가 흰 눈으로 덮일까 아님 그냥 이대로 검은색으로 남아 있을까 궁금했는데, 정답은, 흰눈으로 덮여 있다!

링로드 우측 Lax Hotel이 근사해 보여서 올라가 보았다. 시즌에는 1박에 우리 돈 45만 원 정도의 비싼 호텔이지만 미바튼을 조망할 수 있는 전망 좋은 호텔이다. 더군다나 호텔 내에서도 오로라를 볼 수 있다하니 참 근사하다.

우린 다시 Sel Hotel로 돌아와 누룽지에 된장찌개를 끓여 저녁을 먹었다. 그리고 호텔 라운지로 들어가려다 우연히 뒤돌아보니 길 건너 미바튼 호수로 둥근 달이 떠오르고 있었다. 맞다, 오늘이 정월 대보름이구나! 남편은 서둘러 카메라를 가져다 세팅을 하고 사진을 찍기 시작했다. 휴대폰으로 찍었는데도 호수 위로 뜬 둥근 달과, 호수에 비친 달그림자가 선명하다.

노랗고 둥근 보름달이 미바튼 얼음 호수와 주변의 크고 작은 오름, 저 멀리 설산을 비추어 옅은 흰색과 하늘색, 밝은 회색과 신비로운 푸른색을 만들어 낸다. 더군다나 어제 늦은 저녁 우리가 올랐던 온통 시커먼 화산 분화구 Hverir가 밤사이 흰 눈으로 덮이고 지금은 바로 머리 위 둥근 보름달을 이고 있다.

이 숨막히는 고요와 약간의 적막함과 달빛과 주변 색깔의 신비로움을 어찌 표현해야 할지 모르겠다. 그냥 비현실적이어서 이 세상 풍경이 아닌 듯하다. 믿기지 않아 불현듯 현실의 사람들을 머릿속에 불러내 보았다. 까마득한 거리에 있는 사람들 – 가족, 고향 친구들, 봉평 식구들…, 저 달빛 속에 그들의 얼굴이 떠오르며 어린시절 정월 대보름날의 추억과 그리움이 진하게 밀려왔다.

오곡밥, 나물, 깡통쥐불놀이, 매캐한 불냄새, 시커먼 논둑, 잠시 따뜻했지만 어김없이 구멍 나던 나일론 양말, 등잔불에 밤새 우리들 양말 깁던 엄마, 온갖 잡동사니 바느질 그릇….

맥주 한잔하고 라운지를 나서는데 호텔 밖에 손님들 20여 명이 나와 오로라 헌팅을 하고 있었다. 도로가 인접해 있어 형광색 안전조끼를 입으라고 우리에게도 내주는데 날씨도 춥고 영하 4℃의 차가운 바람이 불어서 나는 그냥 잠자리에 들 준비를 하였다. 오로라 지수가 보통이긴 한데 달이 가장 밝은 보름이어서 조건이 썩 좋지는 않다. 우리의 여행 기간이 달이 차올랐다가 스러지는 시기여서 아쉽게도 오로라 보기는 쉽지 않을 듯하다. 9시 30분부터 11시까지 남편은 오로라를 기다리다 그냥 들어왔다. 바람이 많이 불고 추웠다. 오로라 헌팅실패 2!

2월 11일

chapter

캠핑카로 떠나는
겨울 아이슬란드

11

에이일스타디르

아침에 눈을 뜨니 운전을 하고 있는 남편의 어깨 너머로 보이는 하얀 지평선에서 하늘이 빨갛게 열리고 있다. 커피와 빵으로 간단히 아침식사를 하며 설경을 보느라 빵이 입으로 들어가는지 코로 들어가는지 모르겠다.

아이슬란드 북동부 내륙지역을 통과해서 동부 아이슬란드 거점지인 에이일스타디르까지 175km를 달렸다. 보통은 두 시간 거리인데 도로에 눈이 많아 거의 네 시간을 달려왔다. 부드럽게 S자를 그리는 도로와 360°로 펼쳐지는 확 트인 설경이 너무 멋있어서 지루한 줄 몰랐다. 예상대로 F88 도로인 Askja 화산지대는 통제되어 진입로는 물과 얼음에 잠겨 있었다. 하이랜드는 겨울에는 대체로 통제된다더니 아예 진입금지 표시가 되어 있었다.

세이디스피요르드는 걱정했던 것보다는 다행히 도로에 눈이 별로 많지 않아 쉽게 넘었다. 북쪽과 동쪽의 경계선을 넘으니 날씨가 확연히 달라지며 봄기운이 완연하다. 봄인가 싶게 초원이 군데군데 보여 여름 모습과 별반 다를 게 없어 보였다.

에이스타디르로 돌아 내려와 캠핑장 피크닉 테이블에서 김치찌개를 끓여 저녁을 먹고 (시내 초입에 있는 이 캠핑장은 겨울에도 오픈해서 관리를 하고 있으며 샤워 400kr와 온수, 취사가 모두 가능하다.) Icelandair Hotel 라운지에 편안히 자리를 잡고 맥주를 한잔 마셨다. 우리가 앉아 맥주를 마시고 있는 라운지의 분위기가 참으로 도회적이고 편안해서 우리가 흰 눈 덮인 도로를 하루 종일 달려온 사람들 맞나 싶다.

잠시 여유를 즐기며 SNS를 보니 어제 미바튼 호수에서의 보름달 사진을 접한 지인들의 반응이 뜨겁다. 비현실적인 풍광과 구도, 색감이 아름답고 신비스럽단다. 우리가 직접 두 눈으로 본 미바튼 호수에서의 보름달은 지금껏 평생 보아온 보름달 중 가장 예쁘고 신비스러웠다. 아이슬란드에서만 볼 수 있는 가장 아이슬란드다운 풍경의 사진임에 틀림없다.

chapter

2월 12일

캠핑카로 떠나는
겨울 아이슬란드

12

호픈

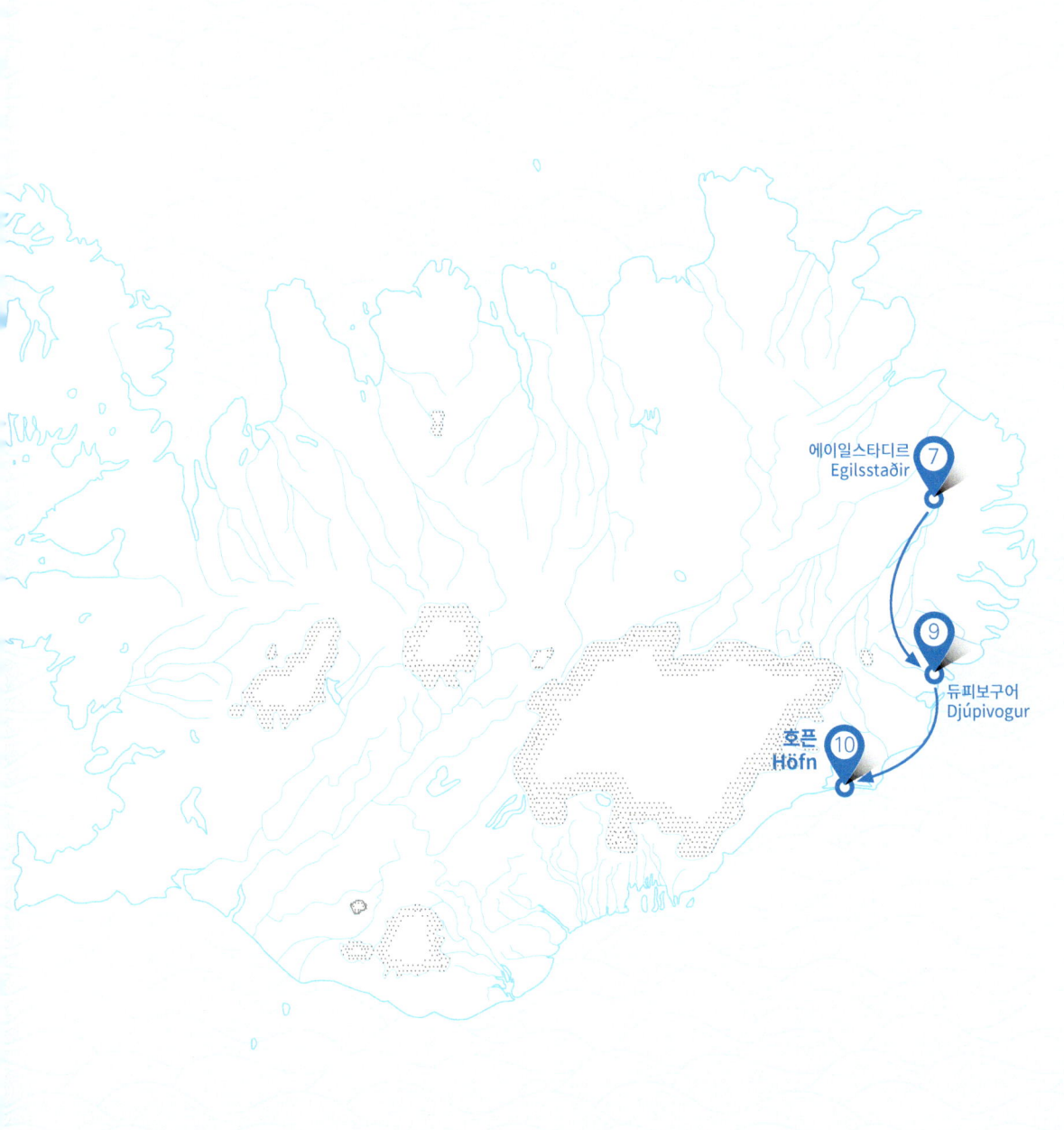

아침 8시, 호픈을 향해 출발했다. 1번 국도를 타고 달리다가 939번 도로로 접어들었다. 지난여름 하이랜드의 느낌을 직접 느끼고 싶어 지름길 삼아 왔던 언덕길이다. 양 세 마리가 한가로이 풀을 뜯고, 때로는 길가를 점령하여 유유히 거닐던 길. 겨울이라 눈이 많을 거라 예상하여 이 길을 넘을 수 있을 거라고는 생각지도 못했는데 동부 아이슬란드의 눈이 별로 없어서 이번에는 반대 방향에서 넘어올 수 있었다. 잔설 사이사이로 초록의 이끼가 덮인 언덕을 내려오는 중간쯤, 지난번 오르며 머물렀던 작은 폭포가 보이는 뷰포인트에서 라면을 끓여 계란과 과일로 아침을 먹었다. 온몸을 감싸는 신선한 공기와 커피향, 발 아래 펼쳐지는 피요르드가 어느새 또 우리를 신선으로 만들어 버린다. 여름에 느꼈던 기분 좋음 그대로이다.

피요르드 끝자락 Djupivogur로 들어섰다. 여름에는 그냥 지나쳤던 작은 항구가 있는 마을이다. 어젯밤 비가 내렸는지 금방 세수를 한 듯한 맑은 도로는 살짝 가라앉은 햇살을 받아 상큼하다. 조용하고 차분하고 깨끗한 마을, Djupivogur. 입구 좌측 얕은 언덕에 1790년에 지어진 카페와 레스토랑을 겸하는 박물관이 있고 예쁜 배들이 그림처럼 정박해 있는 포구 맞은편에는 100년 된 호텔이 고풍스럽게 서 있다. U자형 포구를 중심으로 두고 피요르드 저 멀리 설산을 배경으로 예쁜 집들이 늘어서 있어 마치 작은 스나이팰스네스 반도에 와 있는 듯하다.

발 아래 마을이 내려다보이는 언덕길을 따라 올라가 저마다 개성을 뽐내는 게스트하우스 구경을 하며 지나다가 '환영'이라는 글자에 눈이 번쩍 뜨였다. 세계 각국의 언어로 welcome 인사를 게스트하우스 뜰에 나무팻말로 써놓았는데 그중 '환영'이라는 글자가 언뜻 눈에 들어온 것이다. 이렇게 반가울 수가! 낯선 거리에서 뜻하지 않게 친한 지인을 만난 듯 반가운 마음이 들어 얼른 카메라에 담았다.

길게 이어지는 피요르드를 따라 만들어진 경비행기 활주로까지 산책을 하고 마을로 내려와 호텔 좌측 언덕을 오르는 길에 캠프사이트 표지가 있어서 올라가 보았다. Framtid Hotel에서 운영하는 캠핑장 겸 나무집이다. 리셉션 안을 들여다보니 화장실과 씽크대, 오븐과 건조기, 식탁과 의자가 깔끔하게

정돈되어 있다. 리셉션을 가운데에 두고 뒤편에 사이트와 여러 개의 나무집, 그리고 피요르드 포구를 전망으로 세 개의 층으로 된 잔디 마당에 사이트와 피크닉 테이블이 갖추어져 있는 마을과 피요르드 항구와 저 멀리 설산을 조망할 수 있는 예쁜 캠핑장이다. 세 개의 층 중 두 번째 층 사이트 피크닉 테이블에 앉아 샌드위치와 커피, 과일로 점심을 먹었다.

위도는 높지만 고도가 낮고 특히나 동부아이슬란드는 따뜻한 멕시코 난류의 영향을 받기 때문에 이쪽이 유난히 기온이 높은데 오늘은 유난히 봄날씨처럼 따뜻하다. 어제 아이슬란드의 겨울 눈세상을 만끽했다면 하루 사이 오늘은 아이슬란드의 따스한 봄을 만끽하고 있다. 잔디도 파릇파릇 햇살도 살랑살랑, 피요르드 저 멀리 설산만 아니면 봄맞이 소풍을 나온 듯 착각하겠다.

한 귀퉁이에 숨겨져 있던 예쁜 보물, Djupivogur를 뒤로하고 Hofn으로 향했다. 지난여름, 무척 아름다웠던 피요르드 해안 도로를 다시 볼 생각에 미리 마음이 설레었는데 아쉽게도 아침에 보이기 시작하던 뿌연 해무로 인해 여름의 아름다운 광경을 다시 볼 수는 없었다. 잠깐씩 머물렀던 쉼터에서 지난여름 처음 피요르드를 만나며 황홀해하던 기억을 되살리며, 겨울에 또 다시 이곳에 서 있을 수 있음에 그저 감사해했다.

땅바닥에 체크무늬 식탁보를 깔고 기린, 다람쥐와 함께
점심 피크닉을 했던, 날씨가 맑아 눈부시게 아름다웠던 곳을 지나
작고 검은 자갈길이 길게 나 있는 해변에서 잠시 사진찍기 놀이를
하다가 Hofn으로 들어왔다.

오는 길에 말 사진을 찍으려고 비상등을 켜 놓은 채 서행을 했는데
뒤따르는 차들이 추월을 하지 않아 의아했다. 처음엔 앞에서
주행하는 우리를 배려한 것이려니 했는데 나중에 알고 보니 차선이
실선으로 되어 있어서 추월하지 않은 것이었다. 실선이 점선으로
바뀌니 그제서야 추월을 했다. 조급하게 추월하지 않고 서행하면서
교통규칙을 준수하는 운전자들의 준법정신과 여유로움이 단지
넉넉하고 아름다운 자연환경으로 인한 것만은 아닐 것이다. 무척
부러웠다.

아무리 작고 외진 마을이어도 간혹 있을지도 모르는 관광객이나 캠퍼들의 안전과 편리함을 위한 작은 배려를 직접 느낄 수 있었다. 때문에 여름은 물론이지만 추운 겨울에도 캠퍼밴으로 아이슬란드를 일주하기에 전혀 문제가 없음을 몸소 경험하고 있는 중이다. 캠퍼밴에 보온성이 뛰어난 침낭과 기본 생활용품인 냉장고와 식기, 코펠, 버너 등이 갖추어져 있어 숙식이 가능하고 저녁시간은 마을의 가장 크고 깨끗한 호텔의 라운지에서 커피나 맥주를 마시며 안락하게 보낼 수 있다. 세안은 호텔 화장실을 이용하고 그리고 샤워는 곳곳의 수영장과 온천 시설을 이용하니 조금 불편함 속에서도 유목민으로서의 만족도는 최고다.

Hofn에 도착하여 여름에 왔던 캠프사이트 피크닉테이블에서 된장찌개를 끓여 저녁을 먹었다. 마트에 들러 장을 보고 Hofn 호텔에 들러 맥주를 한잔 마셨다. 내일은 요쿨살문으로.

2월 13일

chapter

캠핑카로 떠나는
겨울 아이슬란드

13

○ 요쿨살룬

빵으로 아침을 먹고 8시경 요쿨살룬으로 향했다. 어제에 이어 오늘도 날씨는 잔뜩 흐려 있다. 바다를 좌측으로 두고 우측으로는 빙하지대의 시작점인 바트나요쿨이 죽 이어진다. 360°로 펼쳐진 평야는 온통 누런 색이고 연두색 이끼로 덮인 산 너머 흰 눈을 모자처럼 쓴 설산들 사이사이로 빙하가 보이기 시작한다. 낯익은 요쿨살룬 입구로 들어서며 눈이 휘둥그레졌다.

빙하호는 지난여름, 햇살에 투명하게 빛나던 에메랄드빛 빙하 대신 크고 작게 부서진 채 떠내려 온 유빙들로 어지럽다. 날씨마저 잔뜩 흐린 회색빛 하늘이어서 분위기는 더 우중충하다. 빙하는 겨울에 더 볼 만할 거라 생각했는데 의외였다. 비장의 무기였던 ice cave into the glacier를 예약하러 갔더니 비가 오고 날씨가 따뜻해서 빙하가 녹아 2주 동안 투어를 못했고 오늘도 할 수가 없단다. 예약이 꽉 차서 할 수 없었던 보르가네스에서의 아쉬움을 요쿨살룬에서는 당연히 풀 수 있으리라 생각했는데…. 다른 곳에서 할 수 있는 궁리를 해봐야겠다.

빙하에 실망한 우리는 호수의 빙하가 흘러 바다로 이어지는 해안가로 가 보았다. 끝없이 길게 이어지는 검은 모래 해변에 크고 작은 빙산 수천 수만 개가 집단서식지의 물개처럼 늘어서 있었다. 바다로 흘러내려온 빙산이 마침 썰물에 그대로 해변에 남겨진 것이다. 수많은 빙산을 해변에 남겨 놓고도 바닷물은 썰물에 밀려가며 자꾸자꾸 크고 작은 빙하들을 해안가에 남겨 놓고 서서히 멀리 사라지고 있었다.

어마어마하게 멋진 풍광에 그저 할 말을 잃었다. 회색빛 하늘 아래 눈 덮인 빙하산을 배경으로 검은 모래 위에 펼쳐진 투명한 무채색의 향연! 유난히 아름다운 에메랄드빛 커다란 빙산 하나를 썰물에 밀려가는 파도가 간질이더니 어느새 우리 옆에 놓고 가버린다.

수수하지만 자연스러운 컨셉의 웨딩화보를 촬영하는 젊은 남녀가 거친 듯 너무도 아름다운 이 풍광과 참 잘 어울린다. 이제는 부슬부슬 비까지 내려 주변은 온통 회색빛이다. 맑은 햇살이 더해준다면 얼마나 더 근사할까 투덜댐도 잠시 남편은 분위기 최고의 풍광을 카메라에 담는다.

점심은 검은 모래의 바다 주차장에서 계란이 무려 세 개나 투입된 라면밥으로 해결했다. 얼큰한 국물맛이 최고였다. 스산한 분위기를 압도하는 라면냄새를 마다할 사람이 있을까? 오가는 주변 사람들 시선을 전혀 의식할 필요 없이 훌륭한 냄새를 풍기며 정말 맛있게 먹었다.

스카프타펠로 향해 가는 길은 우측으로는 황량한 산과 연두색 이끼가 덮인 들판 사이로 흐르는 빙하천이 360° 파노라마로 펼쳐지고 좌측으로는 짙은 안개가 드리워진 해안가가 죽 이어진다. 우측으로 Foss Hotel 간판이 보여 잠시 들러 커피 두 잔을 시켰다. 지은 지 얼마 안 된 검은색의 모던한 Glacier lagoon Hotel이다. 시즌 1박에 71,500kr에 비하면 커피 값은 800kr로 저렴한 편이다. 끝없이 너른 평원 끝자락, 바다가 보이는 황량한 들판에 산자락을 끼고 들어선 이곳은 객실이 104개로, 겉에서 보기보다는 꽤 규모가 크다. 뒷산은 제법 산세가 좋아 트레일 코스도 몇 개 있다.

지난여름에도 느꼈지만 이렇게 때묻지 않은 천혜의 자연을 그대로 볼 수 있으면서도 군데군데 적재적소에 현대적이고 편리한 시설들을 잘 갖추고 있어서 놀라울 따름이다.

유목민에서 잠시 세련된 문명인이 되었다가 다시 이동하여 스카프타펠 국립공원에 도착한 시각은 네 시. 해가 지기 시작하여 어둑어둑했고 날씨는 여전히 잔뜩 흐려 있었지만 기온은 높아서 얇은 옷을 입었던 여름보다 오히려 더 따뜻하게 느껴졌다. 주차를 하고 내일 Ice Cave 투어 예약을 하고 곧바로 Skaftafellsjokull에 갔다.

앙상한 가지의 키높이 잡목들이 있는 입구쪽을 지나자 연두색 이끼를 잔뜩 뒤집어 쓴 들판이 이어지고 거대한 빙하산이 나타났다. 편도 1.8km. 늦은 시간인데도 오가는 사람들이 꽤 있고 그 중 우리 뒤를 따라 걷는 한국인 여자 두 명이 있다. 벌써 봄기운이 느껴지는 곳인데도 역시나 빙하 가까이 가자 찬 기운이 선뜩 느껴진다. 여름에 바람막이를 입고도 바람이 차가워 옷깃을 여몄던 곳이었음을 몸이 먼저 기억을 한다. 여름엔 서늘했고 겨울인데도 생각보다 날씨가 따뜻함에 놀란다.

"그러니까 여기가 바로 그린란드야."

"바이킹 시절에 우연히 사람들이 이곳에 와 보고는 너무 아름답고 살기가 좋아서 많은 동료들이 오는 걸 꺼려 이곳을 추워서 살지 못하는 땅인

아이슬란드라 이름 붙이고 오히려 추운 곳을
그린란드라 하여 사람들을 그곳으로 가게 했대."

라고 남편이 설명해준다. 와보니 정말 겨울인데도
생각보다 눈이 아주 많거나 춥지 않아 여행하기에
불편함이 없다. 이곳만 해도 입구 주차장이 꽉 찰
정도로 관광객 또한 여름만큼 많다.

주차장으로 되돌아 와 기념품점 앞에서 스카프타펠
빙하에서 본 한국인 여자 두 명을 다시 만났다.
부산에서 온 두 자매인데 씩씩하게도 이 겨울에
손수 운전을 하며 골든 써클을 여행하고 있단다.
아쉽게도 좀 전 우리가 예약할 때까지만 해도
넉넉하던 Ice Cave 투어 자리가 꽉 차서 내일
우리와 함께 Ice Cave 투어를 하지 못해 아쉬웠지만,
길이 괜찮으니 미바튼까지만이라도 다녀오라고
일러주고 헤어졌다.

김치찌개를 끓여 저녁을 먹고 27km를 되돌아 달려
Foss Hotel로 갔다. 가장 안전하게 쉴 수 있는 곳인
주차장을 찾아서 정박을 하고 라운지에서 맥주를
마시면서 이런 허허벌판 한가운데, 이 추운 겨울에,
숙소가 만원이고 사람들로 붐비는 데 적잖이 놀랐다.
요쿨살룬과 스카프타펠 국립공원 사이에 마땅한
숙소가 없어서일까?

9시 40분경, 혹시 오로라를 볼 수 있을까 싶어 밖에
나가 보았다. 날씨가 흐려 별도 하나 보이지 않는다.
한참을 서성이며 하늘을 바라보다 11시경 잠자리에
들었다. 오로라 헌팅 실패 3 !

2월 14일

chapter

캠핑카로 떠나는
겨울 아이슬란드

• 스카프타펠
  국립공원

14

아침 8시, 잠시 문명 생활을 즐긴 Foss Hotel을 떠나 8시 30분경 바트나요쿨 국립공원에 도착해 빵과 과일, 요플레, 커피로 아침 식사를 했다. 다행히 비는 안 오지만 어제처럼 흐린 날씨다. 9시 30분에 어제 Ice Cave 투어를 예약해 둔 'Glacierguides, is'에 가서 헬멧, 신발, 크램폰, 피켈을 받고 차에 올라 10시에 Virkisjokull로 향했다. 스카프타펠에서 호픈 방향으로 13km, 1번 국도로 접어들어 첫 번째 만나는 좁은 다리를 지나 바로 좌측 비포장 도로로 접어들었다.

빙하 앞 2km 정도에서 버스에서 내려 빙하 입구까지 걸어들어가 헬멧과 크램폰을 착용하고 주의사항을 들은 후 빙하 위를 걷기 시작했다. 일행은 우리 포함 45명, 15명씩 세 팀으로 나뉘어 걸었다. 가이드 말에 의하면 1925년에는 빙하 앞 좌측 산의 중간까지가 빙하선이었는데 지금은 우측 빙하선까지 올라가 있단다. 지구 온난화를 직접 눈으로 보며 실감할 수 있었다.

우측 빙하 위를 걸어 올라가 중간쯤에서 전경을 구경하고 다시 좌측으로 조금 내려와 Ice Cave에 들어갔다. 길이 약 30여 미터의 얼음동굴은 에메랄드의 다양한 색깔을 띠고 있어 아름답고 신비롭고 조금은 무섭기도 하였다. 무섭고도 아름다운 빙하 밑의 지하세계는 이렇게 또 다른 별천지였다. 빙하의 모양도 매년 조금씩 바뀌지만 Cave도 날씨에 따라 매년 모양을 바꾸기 때문에 안전상의 문제가 생길 수 있어 투어하기가 쉽지 않다고 가이드가 말한다.

동굴을 나와 아까 오르던 빙하 위를 죽 걸어 올라가 오두막만 한 크기의 에메랄드 빙하를 코앞에서 만났다. 여름에 빙하호 보트 투어를 하며 가까이 가서 보았지만 빙하를 빙산 위에서 직접 만지고 자세히 들여다 보는 것은 처음이다. 맑은 햇살이 투명하게 비치는 에메랄드빛을 보지 못해 아쉬웠지만 요쿨살룬에서 보지 못한 것을 이곳에서라도 볼 수 있어 얼마나 다행인지. 빙하의 무늬 결정체가 얼마나 멋진지를 직접 눈으로 보았으니 더 바랄 것이 없다. 어제 요쿨살룬 바닷가에서 보았던 유빙도 이런 것들이 녹아 떨어져나가 호수를 거쳐 바다로 떠내려간 것이다.

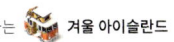 겨울 아이슬란드

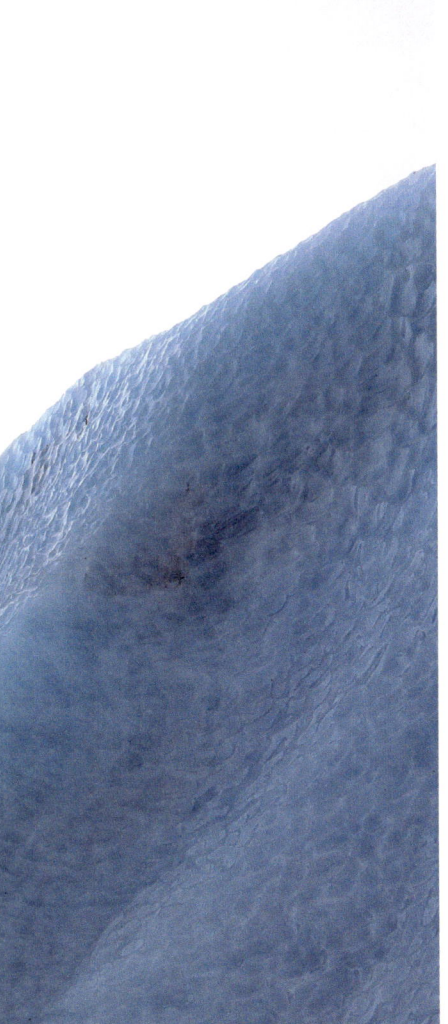

몽블랑과 카즈베기 등정을 하며 빙하 구간을 오를 때에도 서서히 빙하가 녹고 있다는 것을 실감은 했지만 이렇게 눈에 띄게 급속하게 녹아내리는 온난화의 현실을 직접 목격하고 보니 안타까움이 더욱 크다. 공원으로 돌아와 휴게소 벽면의 사진을 비교해 보면서 온난화의 심각성을 다시 한 번 확인하였다.

빵과 커피 한 잔, 사과와 바나나로 점심을 먹고 Vik로 출발하였다. 어제에 이어 하늘은 울고 싶은 걸 억지로 참고 있는 아이처럼 잔뜩 찌푸린 채 비 올 폼만 잡고 있다.

스카프타펠에서 비크 방향으로 16km 정도 지나 오른쪽에 있는 뷰포인트 Haoldukvisl의 경치가 참 멋지다. 우측으로 바트나요쿨 빙하와 설산이 보이고 지평선이 360°로 펼쳐진다. 회색빛 하늘에 황량한 들판, 저 멀리 요쿨살룬 빙하지대를 지나고 나자 이번에는 신기하게도 연두색 이끼로 뒤덮인 들판이 끝없이 이어진다. 머리에 검은 바위를 삐죽삐죽이고 있는 붉은 모래 언덕이 반쯤 안개에 가려진 채 나타났다 사라지곤 하더니 온통 검은색의 도로와 들판에 돌탑 무더기가 전시장을 방불케 한다.

여름에 지나며 들렀던 작고 다이나믹한 폭포를 지나 비크에 도착한 시각은 5시 30분. 어둠이 내리기 시작한 마을 언덕의 붉은 지붕교회와 도로변 식당겸 주유소와 가게들이 낯익다. 할머니를 모델로 한 패러글라이딩 포스터가 있을까 싶어 가게 문을 열었지만 찾을 수 없었고 대신 겨울 어드벤처 광고가 즐비하게 붙어 있다. Ice Climbing, Ice Cave, Snow Mobile, Glacier Walks 등등. 곱게 웃고 있던 포스터 속 할머니 모습이 떠오르며 마치 정든 이를 찾아 먼길을 와서 못 만나고 가는 것처럼 아쉽다. 남편이 나보다 더 아쉬워하는 이유는 뭘까?

밖은 금세 어두워지더니 비가 추적추적 내리기 시작한다. 하루 종일 울고 싶은 것을 억지로 꾹꾹 참더니 이제야 울음보가 터진 모양이다. 내일이 내 생일이라며 남편이 오늘은 호텔에서 저녁을 먹자고 한다. Icelandair Hotel 에서 모처럼 Icelandic Fish 에 화이트 와인을 곁들여 제법 고급스러운 식사를 하였다. 그동안의 검소한 우리 여행 음식에 비하면 아주 비싼 음식이지만 마다않고 행복하게, 아주 맛있게 먹었다. 멀리서 맛있는 음식 사준 우리 딸과 아들, 유진아 태준아 고마워.

잠자리에 들 때까지도 비가 그치지 않는다. 동남부로 오는 3일 내내 비가 내리는 걸 보면 이곳은 벌써 봄이 오고 있음이 틀림없다. 맑고 쾌청하기만 했던 여름과 달리 안개에 싸인 회색 분위기가 서북부의 겨울스러움과 많이 다르다. 아마도 이곳은 한겨울에도 별로 춥지 않고 봄도 빨리 오는 듯하다. 아이슬란드가 아니라 그린란드가 맞다.

chapter

2월 15일

캠핑카로 떠나는
겨울 아이슬란드

15

o 비크

o 골든써클

/ Part 1 /

아홉 시에 일어나 붉은 지붕교회에 올라가 멀리 바다를 배경으로 자리 잡은 비크마을을 바라보며 빵과 요플레, 커피와 바나나로 아침을 먹었다. 인구 500명에 아이슬란드에서 강우량이 최고인 남부 해안마을답게 어제 밤새 오던 비가 그치지 않고 아침에도 부슬부슬 내린다. 비가 그치고 날이 맑아지리라는 기대는 이제 하지 않기로 했다.

바로 우측 산 너머 블랙비치로 가기 위해 교회에서 마을로 내려오다 아이슬란드에어호텔 바로 옆에 캠핑장이 보여 들어가 보았다. 높은 산을 뒤로 하고 마을과 바다를 전망할 수 있는 근사한 위치에 나무집까지 갖춘 잘 정돈된 캠핑장이다. 마을 곳곳에 이렇게 훌륭한 시설을 갖춘 캠핑장이 있는 걸 보며 캠핑하며 여행하기에 참 좋은 나라임을 다시 한 번 실감한다.

레이니스피아라 블랙비치까지는 10km, 15분 거리. 비가 오는 아침인데도 주차장은 벌써 만원이다. 지난여름 너무 이른 시간이라 못 들렀던 레스토랑에도 이미 사람들로 가득하다. 검은 모래에 금방 어디선가 날아온 듯한 크고 작은 돌덩이가 산재해 있는 입구로 들어서자 다시금 화성에 온 듯한 착각에 빠진다.

회색하늘 검은 모래해변에 비까지 내리니 마치 태초의 시간에 와 있는 듯하다. 잿빛 하늘과 끝없이 이어지는 검은 모래해변으로 밀려오는 흰 파도…. 무채색의 풍경화가 지난여름 맑은 햇살에 반짝이던 작고 검은 자갈과 흰 파도, 시시각각 변하던 주상절리의 명암의 신비로움과 겹쳐져 기분이 묘하다. 같은 장소, 다른 느낌! 겨울 아이슬란드를 찾는 사람들이 이렇게 많음에 또 한 번 놀란다.

비가 와서 코끼리 바위를 볼 수 있는 언덕 오르기는 생략하고 Skoga Foss로 이동했다. 34km를 달려 도착한 이곳도 사람들이 여름보다 더 많다. 라면에 계란을 넣어 삶아 점심으로 먹고 폭포까지만 다녀왔다. 폭포 시작점 언덕에 올라 1시간 남짓 하이킹을 하며 빙하설산과 저 멀리 바다를 전망하며 즐거워했던 기억이 새록새록 떠오른다. 빙하에서 흐르는 계곡물이 폭포를 만들고 그 물이 떨어져 흘러 저 끝 수평선에 머문 바다로 흘러 들어가는 모습을 한눈에 보며 무척 신기해했었는데. 그저 폭포까지만 다녀오는 이들은 그 느낌을 모를 텐데 하고 그들을 대신해 괜히 내가 아쉬워한다.

손으로 폭포를 받아내는 사진을 찍고 되돌아 나오며 지난여름 우리가 텐트를 쳤던 장소를 가늠해 보았다. 폭포까지 꽁꽁 얼어붙은 전형적인 겨울 모습을 상상하며 왔는데 완전 봄기운까지 감돌아 김이 빠지긴 했다.

Bistro-Bar 레스토랑 화장실에 들렀다가 1번 도로를 타고 오다 다시 30번 도로로 바꿔 타고 게이시르에 도착했다. 유황 냄새와 군데군데 피어 오르는 하얀 수증기가 우릴 반가이 맞는다. 간헐천은 여전히 주기적으로 하얀 물보라를 하늘로 뿜어내며 사람들의 시선을 끌고 있고 게이시르샵은 6시가 다 되어 문 닫을 준비 중이었다.

우리가 묵었던 2km 거리의 굴포스캠핑장은 Hostel 과 Bar만 영업을 하고 있어서 다시 Geysir Hotel 로 돌아와 카레와 누룽지로 저녁을 해 먹고 호텔 라운지에서 맥주를 한 잔 마셨다. 여전히 비는 오락가락한다.

골든서클로 들어왔으니 이제 우리의 링로드도 거의 마무리되고 있는 중이다. 벌써 2월 중순, 낮 기온이 7℃이고 푸릇푸릇 연둣빛의 초지에 언뜻언뜻 양과 말들이 보이기도 한다. 아이슬란드의 겨울을 느낄 수 있는 한겨울이면 모를까 골든써클이 있는 남부 쪽 여행은 날씨로 봐서는 역시 여름이 제격인 듯싶다.

/ Part 2 /

오늘도 역시 잔뜩 찌푸린 날씨다. 9시에 일어나 어제 저녁 남은 누룽지와 카레를 데워 아침을 먹고 15분 거리의 굴포스로 향했다. 입구에서부터 밑으로 내려가는 길은 통제가 돼 있어 위의 길을 걸을 수밖에 없었다. 바람이 없는 날인데도 여전히 물보라는 가랑비를 뿌리고 어제보다는 조금 더 쌀쌀한 흐린 날씨에 주변에 잔설의 음영이 있어 조금 겨울스러운 것만 빼고는 사람들이 발 디딜 틈 없이 붐비는 것까지 여름 분위기 그대로이다. 오히려 사람들은 더 많다. 언덕 위 주차장에서 폭포 상류까지 난 데크를 따라 한적하게 거닐었던 여름 저녁의 산뜻했던 기억이 새록새록 떠오른다.

잠시 기념품 점에 들렀다가 어제 잠깐 스친 게이시르로 이동했다.

게이시르에는 설산을 배경으로 크게 울부짖으며
중력을 하얗게 거스르는 장면을 보기 위해
여름보다 두 배는 더 많은 사람이 주변을
빙 둘러싸고 있었다. 역시 불발일 때도 있지만
뜻하지 않게 두 번씩이나 연이어 터져 여기저기서
환호성이 들린다.

기념품점에 들러 그동안 눈여겨보던 파란색 털모자를 하나 샀다. 여우털로 된 방울이 커다란. 그리고 유진이 주려고 멋진 여우털 목도리도 하나 샀다.

점심은 차에서 빵으로 간단히 먹고 게이시르에서 37번도로로 19km, 약 25분 거리에 있는 Laugarvatn, Fontana Bath에 갔다. 설산을 배경으로 앞의 너른 호수 자연수영장과 연결되어 있는 꽤 크고 쾌적한 온천장이다.

이런 외진 곳에 온천장이라니 했는데, 들어가보니 의외로 수영과 온천을 즐기는 사람들로 붐빈다. 1인 3,500kr, 호수를 바라보며 온천을 즐길 수 있고 야외로 연결되어 호수에서 수영도 할 수 있다. 레이캬비크와 미바튼의 블루라군과 마찬가지로 천연 지열을 이용한 온천이면서도 대중적이기보다는 오붓한 가족탕 같은 분위기여서 좋았다. 호기롭게도 젊은 남자 두 명이 호숫가로 가더니 옷을 다 벗고 호수로 뛰어들어 수영을 한다. 물과 친하지 않은 우리는 그저 부러운 눈으로 구경만 하였다.

세 시간 정도 놀다가 나와 매점에서 무료로 제공하는 빵을 먹어보았다. 갈색의 식빵처럼 생겼는데 식감은 떡을 먹는 쫄깃한 느낌이고 맛이 아주 좋았다. 지열로 구운 빵을 하루 세 번 시식을 할 수 있단다.

저녁은 온천장 바로 언덕 위 Hostel Heraasskolinn 에서 피자와 맥주, 와인을 시켜서 먹었다. 1928년도에 학교로 설립된 건물을 2013년에 Hostel 로 바꿔 운영하는 곳이다. 젊은이들과 가족 단위 숙객들이 제법 많다. 편안한 온천 휴식과 외식으로 모처럼 한가하고 여유로운 저녁시간을 보냈다. 밤 9시, 비가 내리고 있다. 발 아래 내려다보이는 너른 호수 저 너머로 오로라를 볼 수 있다면 얼마나 좋을까? 오늘도 오로라는 우리를 비껴간다. Hostel 주차장에서 처량하게 내리는 빗소리를 들으며 달콤한 잠을 청한다.

chapter

2월 16일~18일

캠핑카로 떠나는
겨울 아이슬란드

16

- 레이캬비크
- 블루라군

/ Part 1 /

어제 온천 덕분에 9시까지 푹 자고 일어나 빵과 커피, 바나나와 요플레로 아침식사를 했다. 어제에 이어 비가 부슬부슬 내려서 호숫가 산책은 잠깐밖에 못하고 바로 싱벨리어로 향했다. 30분 거리의 싱벨리어는 레이캬비크에서 출발하여 처음으로 맞게 되었던 경유지라 지난여름 여행에서 강렬하게 인상에 남았던 곳이다.

언덕과 산을 지나 끝도 없이 펼쳐지던 들판과 양들에 이어 만났던 국립공원 싱벨리어. 입구 주차장으로 연결되는 도로는 비로 인해 생긴 웅덩이로 질척거리고 여름만큼이나 많은 사람들로 붐볐다. 600kr를 받아서 우리를 삐지게 했던 화장실 입구도 여전히 사람들이 줄을 서 있다. 이번에도 우린 그냥 패스.

기념품점과 간편 레스토랑을 지나 시작되는 갈라진 대륙판에 길게 늘어서서 사진을 찍는 사람들의 모습도 지난여름과 다를 바가 없다.

군데군데 호수가 있는 산책길 너머 흰 눈 덮인 산들은 겨울임을 보여주기에 충분하지만 온통 눈세상일 거라 기대한 우리에게는 맨숭맨숭한 풍광이다. 눈은 커녕 비가 부슬부슬 내리는 날씨라니 참. 그래도 관광객들은 신기해하며 돌담처럼 양 옆으로 갈라진 틈사이 길을 쉼없이 오르내린다. 우리도 그 대열에 합류하여 잠깐 내려갔다가 올라왔다.

그리고 다시 입구에 서서 우린 포옹했다. 지난여름 링로드의 반대방향으로 돌아 시작점에 와 있으니 여름과 겨울 두 계절의 링로드를 드디어 완성한 것이다. 이제야 아이슬란드의 모습을 온전하게 본 것이다. 한겨울을 벗어난 계절이라 생각보다 눈이 많지 않아 아쉬움이 있지만 아쿠레이리, 미바튼, 달빅 등 북서쪽의 겨울 풍광은 무척이나 인상적이었다. 또 기회가 된다면 한겨울에 다시 와서 눈과 추위와 바람을 제대로 느끼고 싶다.

레이캬비크로 돌아오는 길에 지난여름 레이캬비크를 벗어나자마자 맞았던 아이슬란드의 자연 풍광과 360° 파노라마로 펼쳐지던 푸른 들판과 양과 말들, 부드러운 곡선으로 이어지던 도로와 푸른 하늘, 흰 구름, 맑은 공기가 떠올라 행복감으로 벅찼다.

레이캬비크에 도착해서 레이캬비크 캠핑장 옆 호스텔 취사장 피크닉테이블에서 계란을 넣어 라면을 삶아 점심을 먹고 할그림스키르캬 교회로 향했다. 일종의 링로드 완주 신고식인 셈이다. 교회는 여전히 간결하고도 단아한 모습으로 편안히 우릴 품어주었다. 100% 온전함으로 충만하게 안길 수 있어 감사하고 행복하였다. 한 가지 숙제를 남겨 놓고 돌아왔던 여름여행의 가슴 벅찬 희열과 겨울여행의 기대감 대신 허전함이 살짝 마음 한 구석에 웅크리고 있긴 하지만 곧 추억으로 차곡차곡 채워지겠지.

올드하버 쪽으로 걸어내려와 주변을 산책했다. 주로
할그림스키르캬 교회로 오르는 길을 자주 왕래하고 올드하버 쪽은
스치기만 했는데 이제 보니 식당과 기념품점들이 즐비하다.

저녁 장거리를 보고 아이슬란드 자연사 박물관을 겸하고 있는
레이캬비크 최고의 전망대인 Perlln에 올랐다. 할그림스키르캬
교회와 함께 레이캬비크를 전망할 수 있는 훌륭한 전망대이자 시내
중심에서 10분 정도 떨어진 거리에 있는 언덕 위 하얀 돔 형태의
건물로 레이캬비크 시내의 빛의 오염을 피해 오로라를 볼 수 있는
포인트 중의 하나인 Perlln.
7유로의 입장료를 받는 할그림에 비해 착하게도 입장료도 무료이다.

꼭대기 층인 4층에 올라 라운지에서 따끈한 커피를 마시는 동안
남편은 360°로 펼쳐지는 레이캬비크 시내를 카메라에 담느라
분주하다. 바람이 제법 차서 손이 시려운데도 넓은 투명 창밖의

남편은 손을 호호 불면서 추위를 참아가며 셔터를 누른다. 시내 끝 호수와 호수 끝 설산이 한 눈에 펼쳐지는 풍광이 투명창으로 멋지게 들어온다.

전망대를 내려와 15분 거리의 Grotta Light House 등대에 갔다. 호수가 아닌 바다를 접한 이곳도 빛의 오염을 피해 오로라를 볼 수 있는 곳 중의 하나이다. 주차장에서부터 이어지는 바닷길을 150여 미터 정도를 걸어 하얀 갈매기가 날고 있는 그림이 인상적인 흰색 등대까지 들어갔다가 나왔다. 바람이 심하게 불고 추워지기 시작했지만 어둠이 내리기를 기다려 주차장 근처를 배회하며 한참을 서성였다. 여러 번의 실패에도 꿋꿋하게 오로라를 보리라는 희망을 버리지 못하고 이곳까지 왔으니 이제는 더 물러설 수 없었다.

날씨가 좋으면 얼마나 좋았을까, 두 시간여를 더 기다리다가 낮보다는 나아졌지만 여전히 우중충한 하늘을 원망하며 결국 오로라 헌팅을 포기하였다. 이로써 이곳에 있는 동안 오로라를 볼 수 있는 기회는 거의 없어지고 말았다. 많이 아쉽다.

호스텔로 돌아와 저녁을 지어먹고 라운지에서 휴식했다. 이제는 내일 저녁 블루라군 온천 일정 하나를 남겨놓고 있다. 지난여름의 아픈 경험이 있어서 오늘 시내에 예약을 하러 갔는데 밤 9시 이후 것만 남아 있어 또 당황했다. 3월 말까지 예약이 다 차 있단다. 여름도 아닌 겨울철에 사람들이 이렇게 많을 거라고는 생각을 못했는데.

/ Part 2 /

아침 9시 30분, 오늘도 역시 비가 내리고 있다. 빵으로 간단하게 아침을 먹고 블루라군으로 출발했다. 오후 9시 예약이긴 하지만 주변의 푸른색이라도 환한 낮에 보고 싶어서다. 지금 날씨로는 이번에도 예쁜 푸른색 보기는 틀린 것 같다.

대신, 블루라군 가는 도로 양 옆은 때 아닌 연두색 이끼가 장관이다. 지난번과 마찬가지로 뷰 포인트에서 잠시 내려 사진을 찍었다. 쩍쩍 갈라진 돌틈까지 온통 뒤덮고 있는 연두색 이끼가 덮인 들판이 장관을 이루어 지나는 사람들의 발길을 멈추게 한다. 잦은 비로 수분이 촉촉하여 융단보다도 폭신폭신하고 밟는 감촉이 좋다. 어린아이처럼 이리저리 뛰어다니다 한 사람이 들어가도 될 정도로 움푹 갈라진 틈에 몸을 넣어보기도 하면서 잠시 엘프 놀이를 하였다. 땅 밑 불이 들끓어 피어올라 지면을 터뜨리고 갈라놓았을 태초의 모습을 상상해 보았다. 수많은 세월이 흘러도 이끼 외에는 어느 식물도 자라지 못하는 땅, 봄 새싹 같은 이끼를 살짝 뽑아 자세히 들여다보니 위 연두색보다 뿌리의 길이가 5배는 더 길다. 척박한 땅에서 살아남기 위한 몸부림의 결과로 발달한 뿌리는 수분을 잔뜩 머금고 있었다.

봄, 가을 건조한 시기에 이 잔디같은 이끼는
자연적으로 수분을 내뿜어 자연 수분조절과
공기정화에 훌륭한 역할을 할 것 같다.

연두색 이끼 들판에 이어 끝없이 황량한
들판이 이어지다가 드디어 하얀 연기를 내뿜는
지열발전소가 보이고 블루라군의 실개천이 흐르는
주차장에 다다랐다. 여전히 주차장은 차들로
빼곡하다. 잠시 잠깐씩 해가 반짝 비치다가도
금세 흐려져 빗방울이 내비치는 변덕스런 날씨에
블루라군 들어서기 직전, 주변의 군데군데
호수와 물길도 푸른색을 띠었다 회색빛이 되었다
변화무쌍하게 바뀌느라 분주하다. 대낮에 왔는데도
예쁜 푸른색을 볼 수 없어 안타깝다.

차에서 점심을 먹고 목욕 준비를 해가지고
온천라운지에서 시간 죽이기에 돌입했다. 예약된
시간 외에는 입장불가라 하니 꼼짝없이 기다리는
수밖에. 오랜만에 차 마시며 라운지에서 온천장
구경하며 멍 때리기를 하는 동안 남편은 위층으로
올라가 사진을 찍고 내려와 다시 바깥으로 나간다.

한참 만에 돌아온 남편 얼굴에 미소가 가득하다.
인상이 좋고 착하게 생긴 입구 직원에게 다시
문의했더니 들어가도 좋다고 했단다. '인상 좋은
사람이 인심도 잘 쓰는 건 외국인들도 마찬가지인
것 같다'에 우린 흔쾌히 동의했다. 예약시간이
4시간이나 앞당겨졌으니 좋아라 하고 얼른
입장하였다.

/ Part 2 /

아침 9시 30분, 오늘도 역시 비가 내리고 있다. 빵으로 간단하게 아침을 먹고 블루라군으로 출발했다. 오후 9시 예약이긴 하지만 주변의 푸른색이라도 환한 낮에 보고 싶어서다. 지금 날씨로는 이번에도 예쁜 푸른색 보기는 틀린 것 같다.

대신, 블루라군 가는 도로 양 옆은 때 아닌 연두색 이끼가 장관이다. 지난번과 마찬가지로 뷰 포인트에서 잠시 내려 사진을 찍었다. 쩍쩍 갈라진 돌틈까지 온통 뒤덮고 있는 연두색 이끼가 덮인 들판이 장관을 이루어 지나는 사람들의 발길을 멈추게 한다. 잦은 비로 수분이 촉촉하여 융단보다도 폭신폭신하고 밟는 감촉이 좋다. 어린아이처럼 이리저리 뛰어다니다 한 사람이 들어가도 될 정도로 움푹 갈라진 틈에 몸을 넣어보기도 하면서 잠시 엘프 놀이를 하였다. 땅 밑 불이 들끓어 피어올라 지면을 터뜨리고 갈라놓았을 태초의 모습을 상상해 보았다. 수많은 세월이 흘러도 이끼 외에는 어느 식물도 자라지 못하는 땅, 봄 새싹 같은 이끼를 살짝 뽑아 자세히 들여다보니 위 연두색보다 뿌리의 길이가 5배는 더 길다. 척박한 땅에서 살아남기 위한 몸부림의 결과로 발달한 뿌리는 수분을 잔뜩 머금고 있었다.

봄, 가을 건조한 시기에 이 잔디같은 이끼는 자연적으로 수분을 내뿜어 자연 수분조절과 공기정화에 훌륭한 역할을 할 것 같다.

연두색 이끼 들판에 이어 끝없이 황량한 들판이 이어지다가 드디어 하얀 연기를 내뿜는 지열발전소가 보이고 블루라군의 실개천이 흐르는 주차장에 다다랐다. 여전히 주차장은 차들로 빼곡하다. 잠시 잠깐씩 해가 반짝 비치다가도 금세 흐려져 빗방울이 내비치는 변덕스런 날씨에 블루라군 들어서기 직전, 주변의 군데군데 호수와 물길도 푸른색을 띠었다 회색빛이 되었다 변화무쌍하게 바뀌느라 분주하다. 대낮에 왔는데도 예쁜 푸른색을 볼 수 없어 안타깝다.

차에서 점심을 먹고 목욕 준비를 해가지고 온천라운지에서 시간 죽이기에 돌입했다. 예약된 시간 외에는 입장불가라 하니 꼼짝없이 기다리는 수밖에. 오랜만에 차 마시며 라운지에서 온천장 구경하며 멍 때리기를 하는 동안 남편은 위층으로 올라가 사진을 찍고 내려와 다시 바깥으로 나간다.

한참 만에 돌아온 남편 얼굴에 미소가 가득하다. 인상이 좋고 착하게 생긴 입구 직원에게 다시 문의했더니 들어가도 좋다고 했단다. '인상 좋은 사람이 인심도 잘 쓰는 건 외국인들도 마찬가지인 것 같다'에 우린 흔쾌히 동의했다. 예약시간이 4시간이나 앞당겨졌으니 좋아라 하고 얼른 입장하였다.

역시 규모는 단연 제일이다. 미바튼과 폰타나의 조용하고 가족적인 분위기가 나름 좋았는데 이곳은 이곳대로 북적북적 좋다. 눈으로도 즐겁지만 따뜻하고 아늑해서 엄마품에 안긴 것처럼 편안하고 좋다. 주변이 흰 눈으로 가득하고 추위에 입김 호호불며 따끈함을 즐길 거라 상상하던 겨울 분위기와는 많이 다르지만 머드팩을 하고 칵테일을 즐기며 두 시간 동안 이리저리 유영하면서 맘껏 쉬었다. 세계 버킷리스트 중 하나인 이런 멋진 곳을 여름, 겨울 두 번이나 경험할 수 있는 행운을 누림에 감사하고 또 감사하며.

7시 30분에 온천 입구를 나오는데 그 시간에도 사람들이 물밀듯 밀려들어온다. 벌써 2월이 다 지나가고 있으니 겨울의 정점인 시기를 빗겨나 있어서일까? 겨울 아이슬란드 여행을 하며 의외로 놀란 것 세 가지, 여름만큼이나 관광객이 많고, 여름만큼이나 여행하기가 수월하고, 남부 지방은 여름만큼이나 비가 많이 온다는 것, 그래서 오로라 보기가 생각보다 쉽지 않았다.

온천도 일찌감치 끝내고 개운한 몸과 맘으로 나오니 날아갈 것같이 기분이 상쾌했지만 오늘도 혹시나 했지만 역시나 비 때문에 오로라는 볼 길이 없다. 할 수 없이 바로 호스텔로 돌아와 참치와 햄을 넣어 얼큰한 김치찌개에 누룽지를 끓여 저녁을 먹으며 오로라를 볼 수 없는 아쉬움을 달랬다.

/ Part 3 /

오랜만에 날씨가 맑고 화창하다. 어제로 계획한 일정은 모두 끝났기에 여유로운 마음으로 블루라군을 다시 다녀오기로 했다. 온천의 예쁜 물색과 주변을 사진에 담기 위해서다. 가는 길 연두색 이끼 낀 들판과 구름 동동 뜬 푸른 하늘이 눈부시다.

뷰포인트에 잠시 내렸다가 반갑게도 며칠 전 요쿨살룬에서 만났던 부산 처자들을 만났다. 어찌나 반가워하던지. 미바튼까지 갔다가 폭설을 만나 도로 옆으로 차가 빠졌는데 지나가던 남자 운전자가 겨우 차를 빼 주었다고, 눈이 무서워서 링로드는 포기하고 그 길로 되돌아왔다고, 오로라는 역시 보지 못했고 미바튼의 온천과 주변이 참 아름다웠다고 조곤조곤 수다를 떤다. 아이슬란드 여행이 끝나면 바로 스페인 15일간의 여행을 하고 돌아간단다.

조심히 남은 여행 잘 하라며 헤어졌는데 블루라군 사진을 찍고 돌아오는 주차장에서 이제 막 온천을 끝내고 나오는 자매를 또 만났다. 참 멋진 온천장이긴 한데 역시나 미바튼의 작고 오붓하면서도 가족적인 분위기의 온천이 더 마음에 든다며 정스럽게 이런저런 이야기를 한다. 우연이지만 세 번씩이나 마주치는 인연에 정을 듬뿍듬뿍 주고받으며, 먼 이국땅에서 무조건적인 아이슬란드에 대한 사랑 하나로 한 마음이 된

우리는 잠깐이지만 벅찬 희열을 서로 나누었다.
이제 정말 마지막 인사를 하고 헤어지려는데 동생 아가씨가
달려와 사진을 찍자며 셀카를 누른다. 그 좋은 경치 다 놔두고
황량한 주차장에서의 어설픈 사진이지만 참으로 예쁜 사진으로
남을 것이다. 휴대폰 전화번호를 주고 받으며 우리가 떠난 후,
3일 더 있는 동안 레이캬비크의 오로라를 보게 되면 사진으로 보내
달라 했더니 운이 좋아 그럴 수 있기를 바란다며 아쉬운 작별을 했다.
남자도 아닌 아가씨 단둘이서 겨울 아이슬란드를 손수 운전하며
여행할 생각을 다 하다니, 그리고 여유롭게 용감하게 해내는
아가씨들이 참 멋있다고 생각했다.

레이캬비크로 돌아오며 미바튼의 보름달이 뜬 호수 사진을
보냈더니 그 멋진 풍경을 함께 하지 못한 것을 못내 아쉬워한다.
수더분하면서도 정이 있는 야무진 아가씨들, 남은 여행 잘 하고
스페인도 잘 다녀오기를….

오후에는 펄른 전망대에 다시 올랐다. 레이캬비크 시내가 한눈에 들어오는 곳, 어둠 속에서 빛을 피해 오로라를 볼 수 있는 곳, 오로라는 비록 우릴 피해 가서 서운했지만 오늘같이 맑은 날씨에 레이캬비크 시내를 눈이 시리게 조망할 수 있어서이다. 할그림스키르캬와 하르파, 썬 보야저가 있는 시내 호수 건너편으로 설산이 멋지다. 그 모든 것을 한꺼번에 다 갖추고 있는 얄밉도록 아름다운 도시, 오늘이 마지막이라 생각하니 연인을 두고 떠나듯 아쉽다. 지난여름 이곳을 떠날 때는 또 오리라는 은밀한 내심에 서운함이 이리 크진 않았는데… .

다시 할그림스키르캬 교회로 돌아와 이제 정말 작별 인사를 했다. 처음 설레임으로 안겼던 곳, 떠났다 돌아오면 꼭 다시 앞에 서서 신고식을 치러야 맘이 편했던 곳, 다시 돌아오마 약속했던 이곳을 떠나기 아쉬워 석양에 아직 흰 빛을 발하며 단아하게 서 있는 교회를 뒤돌아 보며 습관적으로 카메라 셔터를 눌렀다. 그러고도 지난여름 링로드를 끝내고 돌아와 벅찬 감동을 추스르며 걷던 골목골목을 한참을 서성이고 나서야 레이캬비크를 빠져나와 케블라빅공항으로 향했다.

밤 10시, 유목민의 보금자리 역할을 훌륭하게 해낸 캠퍼밴을 되돌려 주고 우리 앉은 키보다 더 높은 짐꾸러미와 함께 공항내 커피숍에 마주 앉아 차를 마시며 지난 시간을 되돌아 보았다. 매 순간이 최상의 아름다움이었던 순간들….

쉼 없이 변화하는 자연과 인간 속에서 우리가 이곳에서 마주한 순간순간의 장면들은 인생이라는 책의 한 페이지에 소중하게 담기겠지.

높은 짐꾸러미 너머로 물밀 듯 밀려들어오는 설레는 눈빛의 또 다른, 많은 '우리'를 보았다. 저들은 또 위대한 대자연 속에서 무엇을 음미하고, 무엇을 느끼고 돌아갈까? 언젠가 우리가 이곳을 다시 찾게 되었을 때, 자연은 또 어떤 모습으로 우리를 맞아줄까?

아침 6시 30분, 일주일 여정의 독일 프랑크푸르트로 떠나기 위해 너무도 큰 호텔에서 공항박을 하며 우린 또 다시 돌아오는 여름, 유럽인들의 로망 중의 하나인 자연의 종합 선물세트, 스위스 일주 캠핑의 달콤한 꿈을 꾸었다.

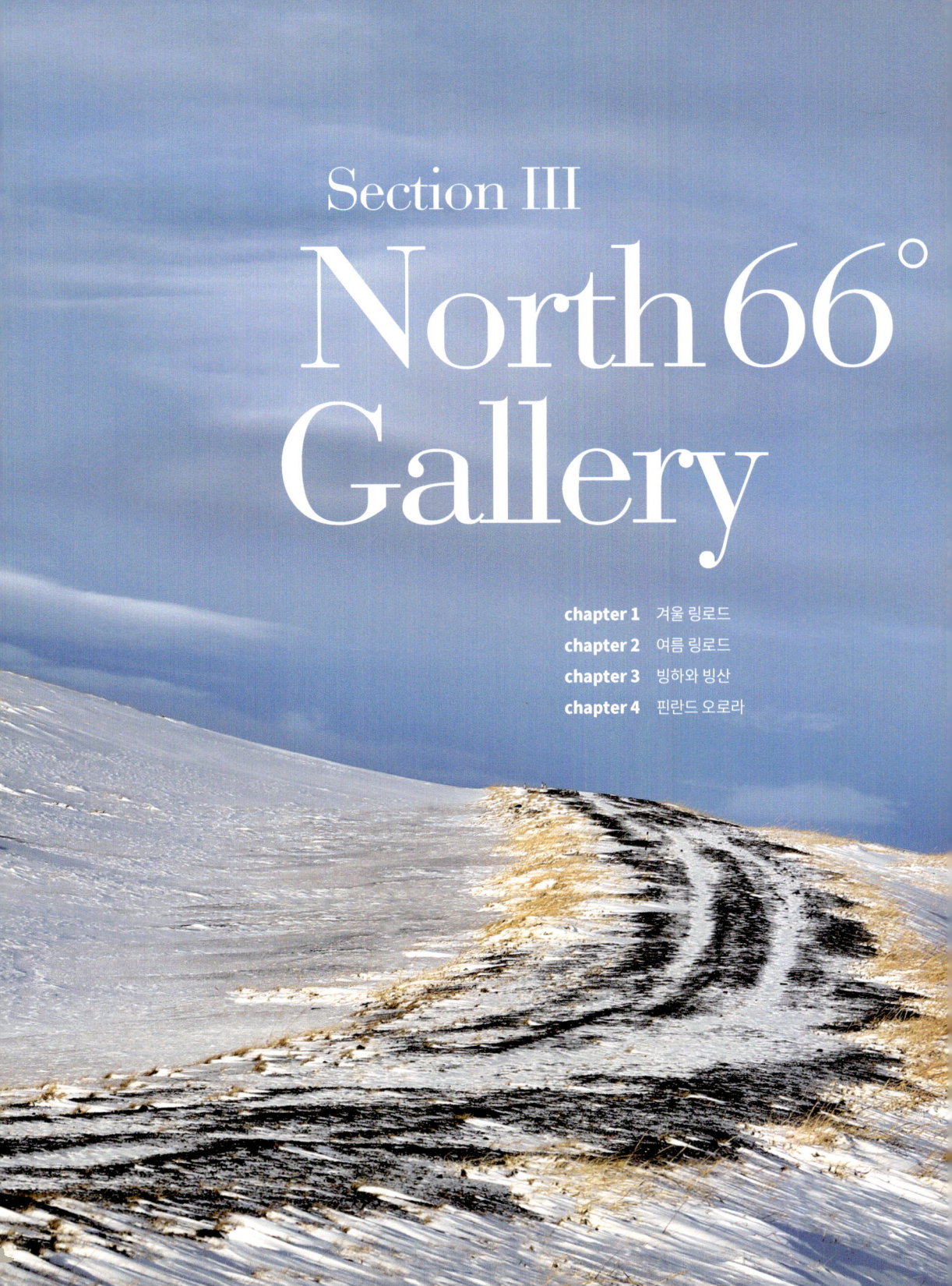

Section III
North 66° Gallery

chapter 1   겨울 링로드
chapter 2   여름 링로드
chapter 3   빙하와 빙산
chapter 4   핀란드 오로라

chapter 1

겨울
링로드

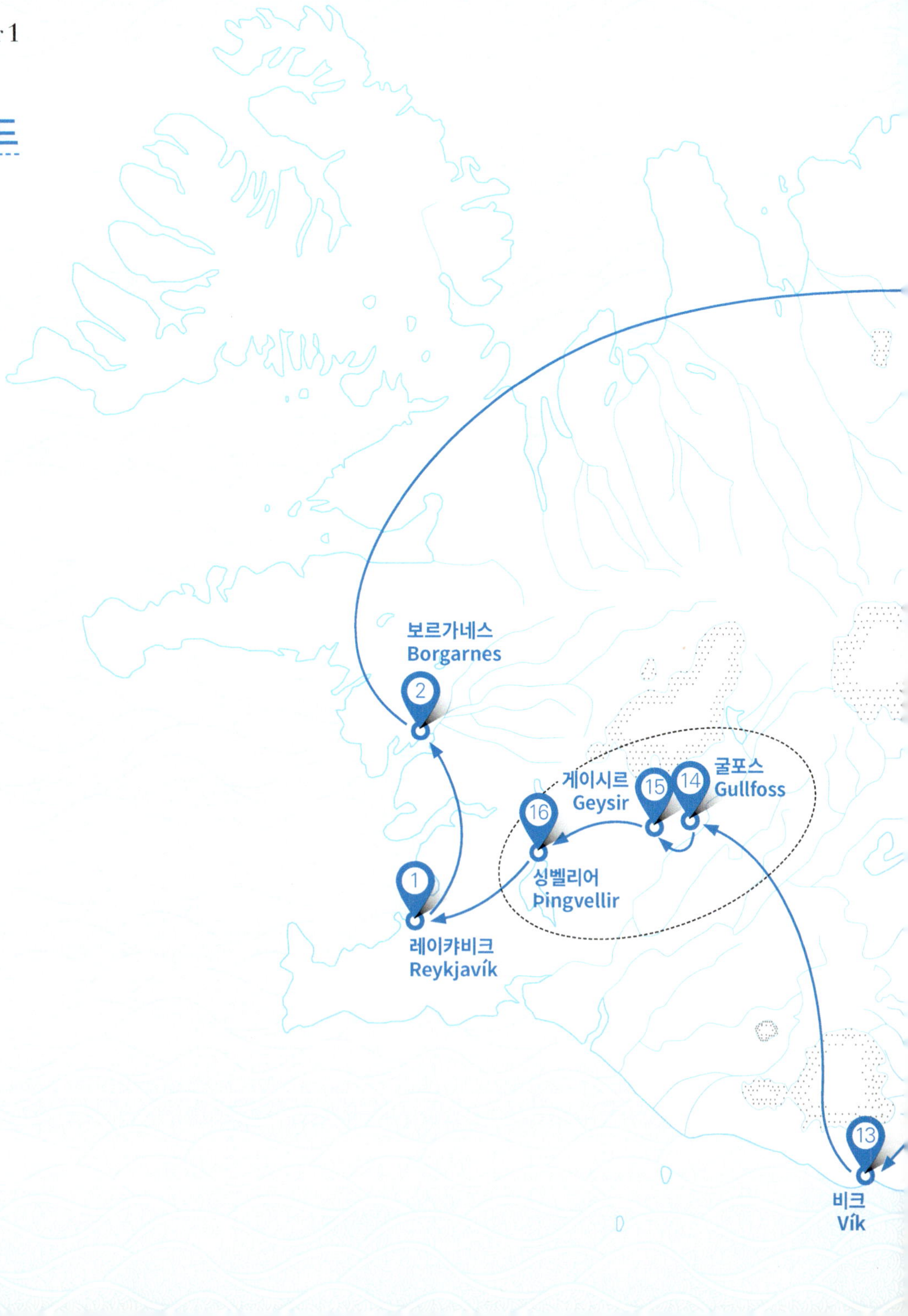

보르가네스
Borgarnes
②

게이시르   굴포스
Geysir   Gullfoss
⑮   ⑭
⑯
싱벨리어
Þingvellir

①
레이캬비크
Reykjavík

⑬
비크
Vík

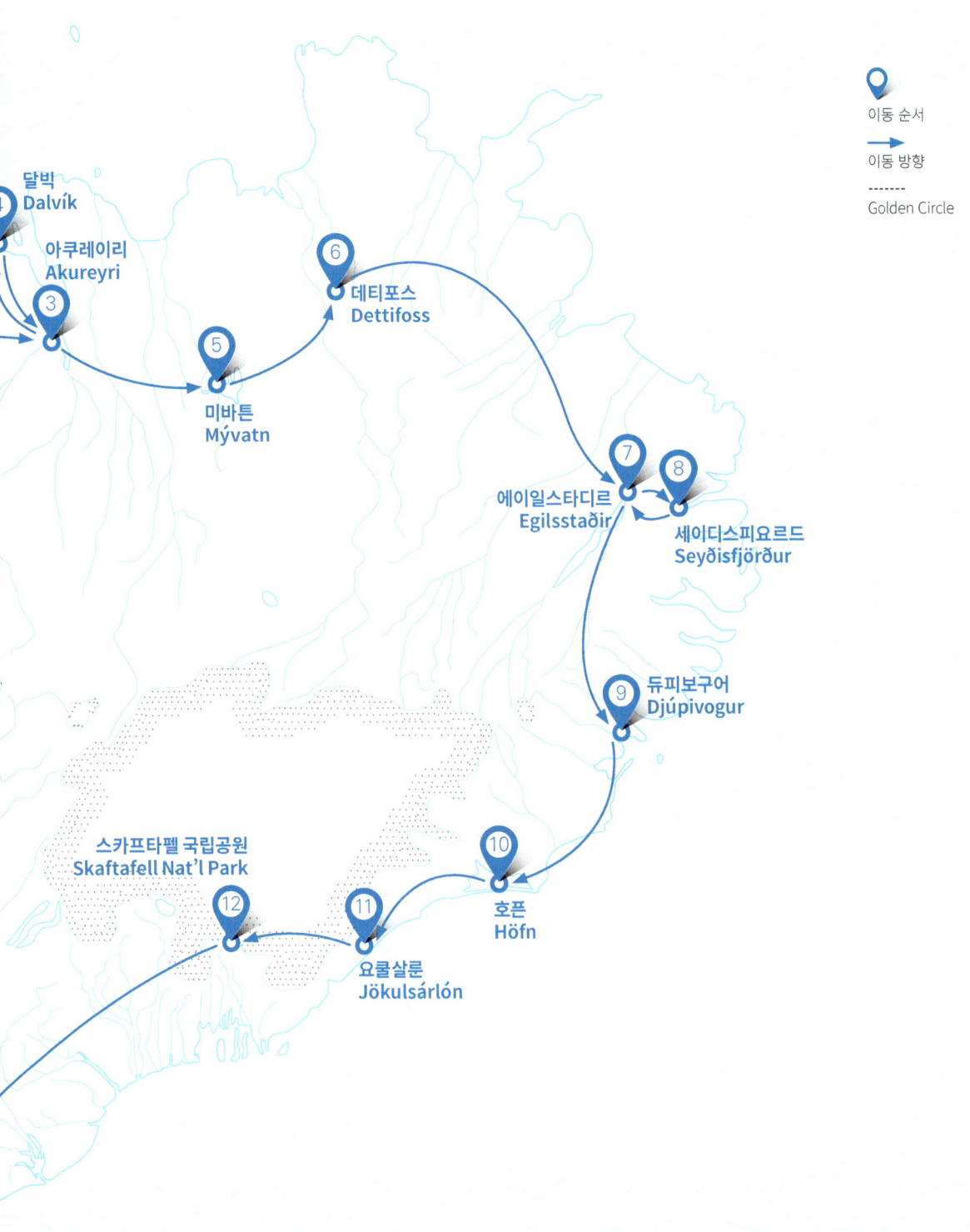

달빅 가는 터널
105cm×158cm, 2017. 02, 스마트폰 LG-F 600L

보르가네스
92cm×139cm, 2017. 02, 스마트폰 LG-F 500L

비크
105cm×158cm, 2017. 02, 스마트폰 LG-F 600L

미바튼 가는 길
103cm×154cm, 2017. 02, 스마트폰 LG-F 600L

데티포스 가는 길
132cm×198cm, 2017. 02, Canon EOS 5D Mark III, FL 100mm

에이일스타디르 가는 길
158cm×237cm, 2017. 02, Canon EOS 5D Mark III, FL 100mm

데티포스 눈 길
141cm×211cm, 2017. 02,
Canon EOS 5D Mark III, FL 100mm

데티포스 나오는 길
115cm×172cm, 2017. 02,
Canon EOS 5D Mark III, FL 17mm

아쿠레이리 가는 길
88cm×132cm, 2017. 02, 스마트폰 LG-F 600L

듀피포구어 가는 길
105cm×158cm, 2017. 02, 스마트폰 LG-F 600L

chapter 2
여름
링로드

스나이펠스네스 반도
Snæfellsnes
⑬

보르가네스
Borgarnes
⑭

②
골든써클
Golden Circle

①
레이캬비크
Reykjavík

③
비크
Vík

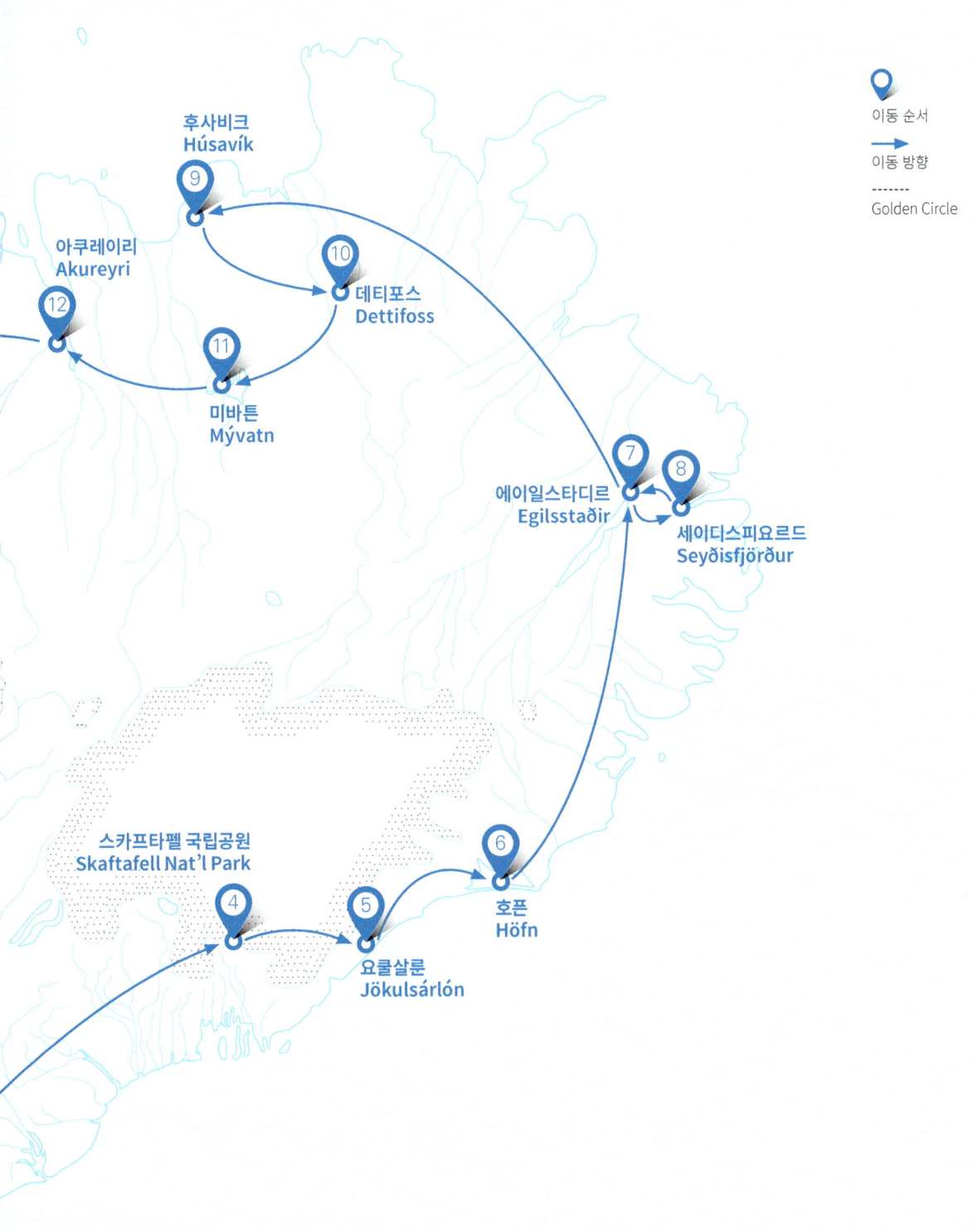

듀피포구어 가는 길
25cm×37cm, 2016. 08,
Canon EOS 5D Mark III, FL 70mm

호픈 가는 길
30cm×45cm, 2018. 08, Canon EOS 5D Mark III, FL 24mm

레이니스피아라 가는 길
23cm×34cm, 2016. 08, Canon EOS 5D Mark III, FL 35mm

비크 가는 길
42cm×63cm, 2016. 08, Canon EOS 5D Mark III, FL 15mm

스나이펠스 반도 가는 길
30cm×45cm, 2016. 08, Canon EOS 5D Mark III, FL 200mm

스카프타펠 빙하 가는 길
46cm×69cm, 2016. 08, Canon EOS 5D Mark III, FL 11mm

스코가포스 가는 길
33cm×49cm, 2016. 08, Canon EOS 5D Mark III, FL 24mm

싱벨리어 가는 길
27cm×40cm, 2016. 08, Canon EOS 5D Mark III, FL 24mm

에이일 스타디르 가는 길
29cm×44cm, 2016. 08, Canon EOS 5D Mark III, FL 11mm

호픈 가는 길
30cm×45cm, 2016. 08, Canon EOS 5D Mark III, FL 15mm

chapter 3
빙하와 빙산

빙하호 빙산 1
100cm×150cm, 2017. 02, 스마트폰 LG-F 600L

빙하호 빙산 2
150cm×224cm, 2017. 02, Canon EOS 5D Mark III, FL 35mm

빙하호 빙산 3
136cm×204cm, 2017. 02, Canon EOS 5D Mark III, FL 35mm

스카프타펠 빙하 1
150cm×223cm, 2017. 02, Canon EOS 5D Mark III, FL 35mm

스카프타펠 빙하 2
105cm×158cm, 2017. 02, 스마트폰 LG-F 600L

스카프타펠 빙산
140cm×209cm, 2017. 02, Canon EOS 5D Mark III, FL 35mm

바닷가 모래 사장 빙산 1
146cm×221cm, 2017. 02, Canon EOS 5D Mark III, FL 100mm

바닷가 모래 사장 빙산 2
145cm×217cm, 2017. 02, Canon EOS 5D Mark III, FL 35mm

빙하 속으로 1
74cm×110cm, 2017. 02, 스마트폰 LG-F 600L

빙하 속으로 2
74cm×110cm, 2017. 02, 스마트폰 LG-F 600L

chapter 4
핀란드
오로라

오로라 1
30cm×45cm, 2016. 08, Canon EOS 5D Mark III, FL 15mm

오로라 2
30cm×45cm, 2016. 08,
Canon EOS 5D Mark III, FL 15mm

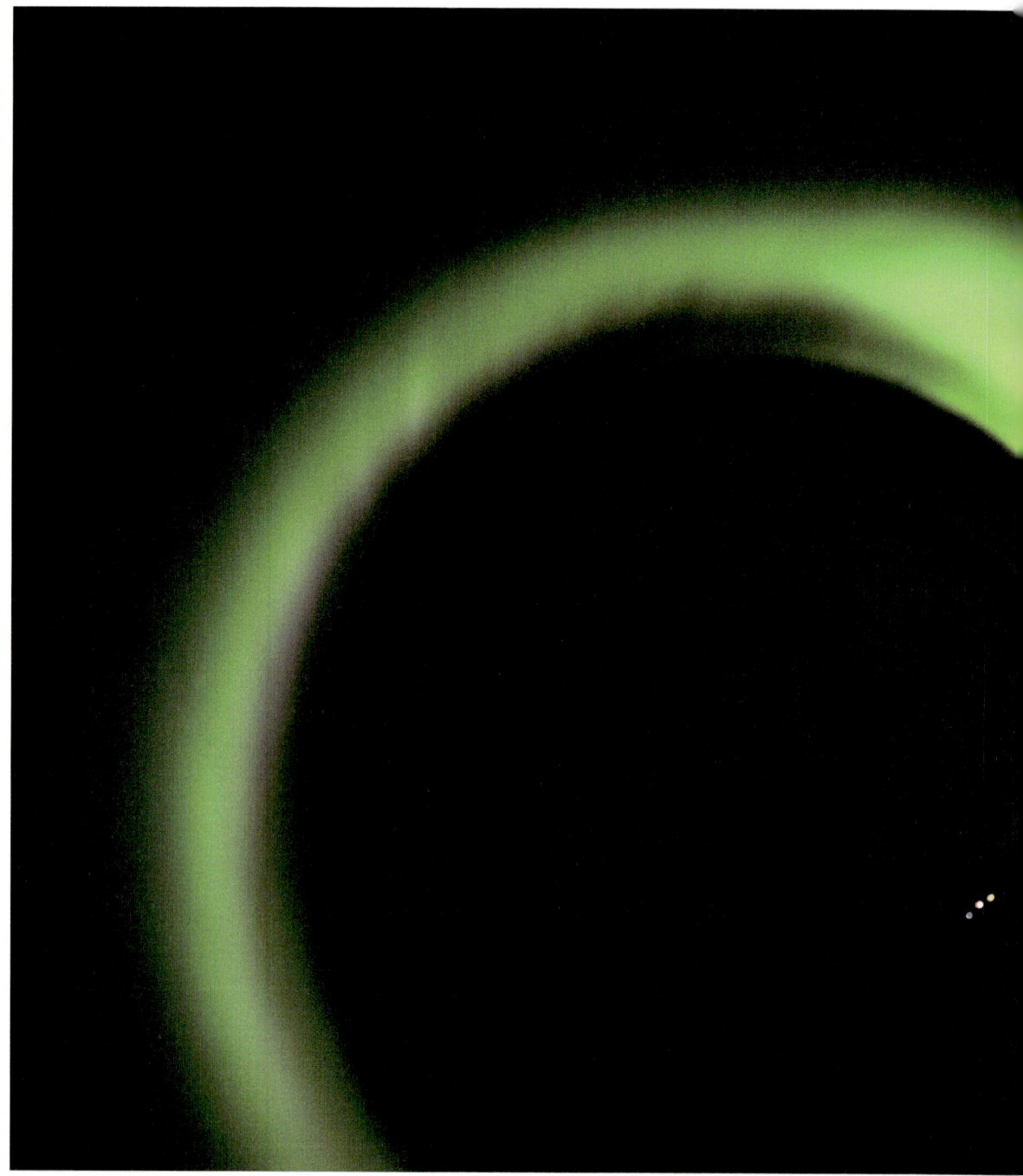

오로라 3
30cm×45cm, 2016. 08,
Canon EOS 5D Mark III, FL 15mm

겨울 아이슬란드 캠핑카 숙박지역 소개

보르가네스

레이캬비크

시내 끝 부분에 있는 부두가 주변에서 주차와 함께
간단한 취사가 가능하며, 야간 캠핑카의 주차는
보르가네스 중심부에 위치한 Settlement Center
정면의 공공 주차장을 무료로 사용할 수 있으며
시내에는 겨울에 이용 가능한 수영장이 있음.

레이캬비크 캠핑장은 공항에서 40분 거리의
시내 중심부에 위치하고 있어서 시내 주요 관광지와
가깝고 겨울에는 사무실 등 일부 시설을 운영되지
않지만 캠핑카의 주차와 개인용 텐트 설치가 가능하며,
캠핑장 바로 옆에 있는 유스호스텔의 키친룸과 함께
호스텔 내 화장실 및 샤워 시설을 이용 할 수 있음.
(겨울 사용 요금은 무료)

캠핑장 바로 옆에는 지열로 운영하는 레이캬비크
최대의 수영장을 겸하고 있어서 편리함.

아쿠레이리

아이슬란드 에어 호텔 주차장에 캠핑카를 주차할 수 있으며,
간단한 세면과 화장실은 호텔 내 시설을 이용할 수 있음.
야간에는 호텔 라운지에서 음료와 주류를 마시며 쉴 수 있고 와이파이의 사용도 가능함.
호텔에서 2-3분 거리에 온천을 겸하는 큰 규모의
실내 수영장이 있어서 겨울철 캠핑카 여행을 아주 편리하고 흥미롭게 할 수 있음.

미바튼

미바튼 온천시설 옥외 주차장에 캠핑카의 주차가 가능하고 온천시설 내에 있는 세면장과 화장실 등은 직원들이 근무하는 밤 10시까지 그리고 오픈 시점인 오전 10시부터 이용이 가능함.
(주차장이 매우 넓어서 한 쪽 측면에서 간단한 취사는 가능함)

미바튼 온천에서 20분 거리에 있는 Sel Hotel 주변에는 일부 게스트 하우스도 있지만 호텔 내 시설을 24시간 사용하는 데 전혀 문제가 없으며, 주차는 호텔 정면의 옥외 주차장을 이용할 수 있고 저녁 시간에는 호텔 라운지에서 편히 쉴 수가 있어서 겨울 캠핑카 여행의 주요 거점으로 활용이 가능함.

시내에서 5분 거리에 있는 Kaffi 캠핑장은 운영자가 상주 하지는 않지만 넓은 캠핑장과 함께 겨울철에도 이용이 가능한 다양한 취사 시설이 자율적으로 사용토록 유료로 운영되고 있으며, 코인으로 운영되는 온수샤워 시설도 있어서 겨울철 이용이 가능함.

시내 중심부에는 규모는 약간 작지만 아담한 아이슬란드에어호텔이 있어서 아쿠레이리와 유사한 형태로 사용이 가능해서 저녁 무렵의 취사는 Kaffi 캠핑장을 이용하고 캠핑카 차량의 숙박은 호텔의 정면 주차장을 이용 할 수도 있음.

에이일스타디르

겨울 아이슬란드 캠핑카 숙박지역 소개

호픈
호픈 캠핑장은 겨울에는 캠핑카의 주차와 옥외 시설은 사용이 가능토록 개방되어 있어서 주차장에서 차량의 숙박은 할 수 있으나, 야간에는 인근 호텔 주차장을 이용하는 것이 편리함.

스카프타펠
국립공원인 이곳은 공원 내 주차장에서 캠핑카의 주차와 함께 옥외 화장실과 찬물의 사용은 가능하고 간단한 취사를 할 수 있으나, 공원 주차장에서 20분 정도 거리에 Foss Hotel이 있어서 야간에는 이곳을 이용하는 것이 편리함.
(동굴 투어 등 예약 센터가 함께 위치함)

비크
캠핑장 바로 옆에 있는 아이슬란드에어호텔에 캠핑카를 주차하고 호텔 내 시설을 자유롭게 이용할 수 있으며, 야간에는 라운지에서 간단한 맥주와 음료를 즐기며 호텔의 편안함과 함께 비크 주변의 밤 바다의 야경을 즐길 수 있음.

게이시르

게이시르 근처의 소규모 창고형 게이시르 호텔의 주차장에
캠핑카를 주차시키고 차량 옆에서 간단한 취사를 하고
저녁 시간에 호텔 1층 라운지의 시설을 이용할 수 있음.

폰타나

폰타나 온천장 바로 언덕 위 Hostel Heraasskolinn은
학교 건물을 Hostel로 바꿔 운영하는 곳인데 이곳 주차장을
이용할 수 있으며 Hostel 내 레스토랑에서 저렴하게 음식과
주류를 판매하고 있으며 간단한 세면과 화장실 이용이 가능함

기린 남편과 산다람쥐 아내의 부부캠핑

캠핑카로 떠나는 **겨울 아이슬란드**

초판 1쇄 발행	2018년 6월 6일
저자	김효송·임찬호
발행인	장길수
발행처	지식과감성#
등록번호	제2012-000081호
주소	서울시 금천구 가산동 벚꽃로 298 대륭포스트타워6차 1212호
대표전화	070-4651-3730~4 팩스 070-4325-7006
홈페이지	www.knsbookup.com
ISBN	979-11-6275-154-1(03920)
정가	16,000원

ⓒ 김효송·임찬호 2018 Printed in Korea

잘못된 책은 구입하신 곳에서 바꾸어 드립니다.
이 책의 전부 또는 일부 내용을 재사용하려면 사전에 저작권자와 펴낸곳의 동의를 받아야 합니다.

이 도서의 국립중앙도서관 출판예정도서목록(CIP)은 서지정보유통지원시스템 홈페이지(http://seoji.nl.go.kr)와 국가자료공동목록시스템(http://www.nl.go.kr/kolisnet)에서 이용하실 수 있습니다. (CIP제어번호 : CIP2018016558)